THE BILINGUAL REVOLUTION SERIES

TBR Books

A Program of The Center for the Advancement of
Languages, Education, and Communities (CALEC)

I nostri libri in inglese:

Mamma in her Village by Maristella de Panniza Lorch

The Other Shore by Maristella de Panniza Lorch

The Clarks of Willsborough Point: A Journey through Childhood by Darcey Hale

Beyond Gibraltar by Maristella de Panniza Lorch

The Gift of Languages: Paradigm Shift in U.S. Foreign Language Education by Fabrice Jaumont and Kathleen Stein-Smith

Two Centuries of French Education in New York: The Role of Schools in Cultural Diplomacy by Jane Flatau Ross

The Clarks of Willsborough Point: The Long Trek North by Darcey Hale

The Bilingual Revolution: The Future of Education is in Two Languages by Fabrice Jaumont

I nostri libri in traduzione:

El regalo de las lenguas, un cambio de paradigma en la enseñanza de las lenguas extranjeras en Estados Unidos. Fabrice Jaumont y Kathleen Stein-Smith

Le don des langues : vers un changement de paradigme dans l'enseignement des langues étrangères aux États-Unis de Fabrice Jaumont et Kathleen Stein-Smith

Die bilinguale Revolution: Die Zukunft der Bildung liegt in zwei Sprachen, Fabrice Jaumont

La revolución bilingüe: El futuro de la educación está en dos idiomas de Fabrice Jaumont

ДВУЯЗЫЧНАЯ РЕВОЛЮЦИЯ: БУДУЩЕЕ ОБРАЗОВАНИЯ НА ДВУХ ЯЗЫКАХ, Фабрис Жомон

La Révolution bilingue : Le futur de l'éducation s'écrit en deux langues de Fabrice Jaumont

La Rivoluzione bilingue: il futuro dell'istruzione in due lingue di Fabrice Jaumont

LA RIVOLUZIONE BILINGUE

Il futuro dell'istruzione in due lingue

Fabrice Jaumont

Prefazione di Ofelia García

Traduzione italiana di Stefania Puxeddu Clegg, in collaborazione con Benedetta Scardovi-Mounier e Francesco Fadda.

TBR Books
Brooklyn, New York

TBR Books
146 Norman Avenue
Brooklyn, New York
www.tbr-books.org

Come parte di CALEC (Center for the Advancement of Languages, Education and Communities), TBR Books offre una gamma di autori pubblicati che include ricercatori e professionisti che lavorano con le comunità locali su questioni relative all'istruzione, alle lingue moderne, alla storia culturale e alle iniziative sociali dei loro luoghi di provenienza."

Per informazioni, promozioni e acquisti all'ingrosso, contattare TBR Books—contact@tbr-books.org
Illustrazione di copertina © 2018 Raymond Verdaguer
Copertina del libro © 2018 Nathalie Charles
Foto di copertina posteriore © 2017 Jonás Cuénin
La Rivoluzione bilingue / Fabrice Jaumont—prima edizione
ISBN 978-1-947626-31-7 (paperback)
ISBN 978-1-947626-33-1 (e-book)

La Library of Congress ha catalogato l'edizione cartacea di TBR Books come segue:
The Bilingual Revolution: The Future of Education is in Two Languages / Fabrice Jaumont
Include riferimenti biografici e indice
Numero di controllo della Library of Congress 2017949229

RINGRAZIAMENTI

"Il multilinguismo non è più un lusso per benestanti o per i pochi fortunati che possono frequentare le scuole bilingue, ma una competenza essenziale di questa epoca, quella di cui i bambini avranno bisogno in futuro, per avere successo nel campo professionale e nella vita. Il libro *La Rivoluzione bilingue* (*The Bilingual Revolution*) di Jaumont offre i presupposti necessari attraverso la condivisione dei vari modelli educativi e le migliori pratiche, allo stesso tempo chiarendo i vari aspetti dell'apprendimento linguistico. Così, famiglie ed educatori hanno pronta una strategia concreta per iniziare la propria "rivoluzione". *La Rivoluzione bilingue* è la lettura necessaria per ogni genitore che voglia offrire una preparazione adeguata al proprio figlio."
—Angela Jackson, Fondatore di Global Language Project

"Il libro di Jaumont si erge a guida della nascente rivoluzione bilingue del sistema scolastico statunitense, chiedendo come la si possa incoraggiare e migliorare. Jaumont descrive il crescente entusiasmo nei confronti dell'istruzione multilingue in America e fornisce una strategia a tutte le comunità che vogliano unirsi al movimento."
—Conor Williams, PhD Senior Researcher, New America's Education Policy Program Founder, DLL National Work Group

"Questo avvincente libro narra la storia dell'istruzione bilingue negli Stati Uniti, e le forze sociali che hanno dato forma alla traiettoria, dal punto di vista sia personale che accademico. La parte più importante è il manuale che descrive cosa fare per iniziare una scuola bilingue, e quindi mettere in moto la propria 'macchina' rivoluzionaria. Lettura consigliata a genitori, agli insegnanti e tutti coloro che credono nell'importanza delle lingue."
—Ellen Bialystok, OC, PhD, FRSC, Walter Gordon York Research Chair in Lifespan Cognitive Development, York University

"Fabrice Jaumont racconta le storie personali, politiche e comunitarie del crescente movimento bilingue in un libro forte, importante, che unisce storie personali alla pratica e alla scienza dell'istruzione bilingue. Questo capolavoro sarà indispensabile per genitori ed educatori negli Stati Uniti e in altri paesi."
—William P. Rivers, Ph.D. Executive Director, Joint National Committee for Languages, National Council for Language and International Studies

"In una epoca, la nostra, sempre più collegata, rimpicciolita e fragile, le scuole di tutto il mondo fanno il possibile per dotare i propri giovani di competenze, capacità e spirito critico per diventare cittadini autonomi, impegnati e produttivi. L'insegnamento e apprendimento delle lingue, così come il potenziamento del cosiddetto vantaggio bilingue, stanno riemergendo con grande vigore nelle scuole piccole e grandi degli Stati Uniti. Sembra che, ovunque, genitori e insegnanti abbiano trovato nel bilinguismo la dimensione ideale. Ora non c'è più bisogno di cercare: *La Rivoluzione bilingue* è il libro di riferimento. Si tratta di un'opera rara. Combina una visione profonda dell'apprendimento e dell'insegnamento, così come dell'identità e del cosmopolitismo, con applicazioni pratiche e risultati esemplari. Una lettura obbligata per ogni genitore, insegnante e amministratore interessato alla creazione e al sostegno dei migliori programmi bilingue del XXI secolo."
—Marcelo M. Suárez-Orozco, Wasserman Dean & Distinguished Professor of Education, UCLA, Author, *Global Migration, Diversity, and Civic Education: Improving Policy and Practice*

"Come direttore di una multinazionale, so in prima persona quanto sia importante avere padronanza delle lingue straniere, per comunicare e comprendere amministratori, clienti e consumatori ovunque nel mondo. Tutto questo è possibile solo grazie alla conoscenza di diverse lingue. Nel suo importante libro, *La Rivoluzione bilingue*, Fabrice Jaumont mostra la forte responsabilità dell'istruzione multilingue nella formazione dei nostri giovani, offrendone una visione piuttosto promettente negli Stati Uniti. Una lettura da raccomandare a coloro che si interrogano sul futuro della istruzione."

—Bruno Bich, Chairman & CEO, BIC Group

DELLO STESSO AUTORE

Unequal Partners: American Foundations and Higher Education Development in Africa. New York, NY: Palgrave-MacMillan, 2016.

The Bilingual Revolution: The Future of Education is in Two Languages. New York, NY: TBR Books, 2017. Disponibile anche in arabo, cinese, francese, tedesco, spagnolo, polacco, italiano e russo.

Partenaires inégaux. Fondations américaines et universités en Afrique Paris : Éditions de la Maison des sciences de l'homme, colección "Le (bien) commun", 2018.

Stanley Kubrick: The Odysseys. New York, NY: Books We Live by, 2018.

The Gift of Languages: Paradigm Shift in U.S. Foreign Language Education. New York, NY: TBR Books, 2019. (con Kathleen Stein-Smith)

INDICE

PREFAZIONE DELL'AUTORE

L'idea di scrivere questo libro fa seguito al lavoro che ho portato avanti per la promozione dell'istruzione bilingue nelle scuole pubbliche americane dagli anni '90 in poi. In seguito al mio trasferimento negli Stati Uniti nel 1997, in qualità di direttore della istruzione presso il Consolato Francese a Boston, ho avuto l'opportunità di visitare diverse scuole americane. La mia prima esperienza con le scuole che offrono lo studio di una lingua secondo metodi intensivi (immersione) fu in Massachusetts, nelle città di Milton e Holliston. Poiché sono di madrelingua francese, questi programmi attirarono immediatamente la mia attenzione, in quanto offrivano un curriculum intensivo in francese, a partire dalla classe 'kindergarten' (i.e. scuola materna) fino alle superiori, a bambini americani che non necessariamente avevano un particolare legame con la lingua o la cultura francese. Ma soprattutto la cosa che mi colpì fu il fatto che tali programmi venivano offerti nelle scuole pubbliche, gratuiti e pertanto accessibili a tutti. Rimasi positivamente impressionato nel vedere bambini imparare la mia stessa lingua e diventare perfettamente bilingue e scolarizzati in entrambe le lingue.

Nel corso di diversi anni, le scuole del Massachusetts che offrivano il francese intensivo hanno istruito migliaia e migliaia di bambini attraverso i loro programmi intensivi. Tali scuole, i loro educatori e le famiglie che li sostengono continuano ad ispirarmi e ad avere un enorme impatto nella mia vita e carriera. Dopo quella prima visita, divenni direttore di una scuola internazionale a Boston, dove mi trovai a gestire un rigoroso programma internazionale bilingue. Le famiglie che frequentavano la scuola credevano in questo tipo di curriculum e approccio linguistico. Come me, erano convinti degli incredibili benefici del bilinguismo e con molta determinazione desideravano fare questo dono ai loro bambini.

Nel 2001 mi trasferii a New York per diventare direttore dell'istruzione presso l'ambasciata francese, un ruolo che tuttora ricopro. Il mio lavoro è fatto di collaborazioni con numerosi leader scolastici, insegnanti, gruppi di genitori e comunità locali. Insieme abbiamo sviluppato una iniziativa che ha poi portato alla creazione dei primi programmi bilingue ("dual language") in francese-inglese nelle scuole pubbliche. Inoltre, sono stato coinvolto in iniziative simili che hanno poi portato alla creazione di altri programmi bilingue in giapponese, tedesco, italiano e russo. Nel 2014 la nostra storia stimolò la curiosità dei media, incluso il New York Times, che pubblicò un articolo che riportava l'aumento dei programmi bilingue a New York e ne sottolineava il potenziale impatto positivo sulle comunità scolastiche. Ne scaturì un interessante dibattito sulla pertinenza dell'attuale insegnamento delle lingue straniere negli Stati Uniti, e sulla validità dell'acquisizione di una lingua straniera nella scuola dell'infanzia. Questo dibattito e le domande che ha posto alle famiglie di diverse comunità linguistiche, mi ha motivato a scrivere questo libro.

Come padre di due bambine bilingue scolarizzate in due culture diverse grazie al programma bilingue offerto in una scuola pubblica di Brooklyn, sono particolarmente legato al concetto della istruzione bilingue come modo di mantenere le proprie radici culturali così come acquisire una seconda lingua. Volevo che il libro fosse dedicato ai genitori, con l'obiettivo di offrire loro una conoscenza accessibile, una guida e un incoraggiamento nel momento in cui fossero interessati all'implementazione del programma bilingue nella loro comunità o scuola. Con quell'intento, il libro offre una strategia per quei genitori che vogliano imbarcarsi in tale iniziativa, ed è accompagnato da suggerimenti, esempi, testimonianze di genitori ed educatori che hanno fatto una scelta simile.

Attraverso la mia ricerca, così come grazie alle mie esperienze professionali e personali, ho notato che i bambini che sono cresciuti in un contesto bilingue ottengono numerosi benefici che vanno oltre l'acquisizione di un'altra lingua, e includono una migliore apertura verso altre culture e individui, e anche verso sé stessi. Inoltre, sono arrivato a credere che i vantaggi cognitivi, emotivi e sociali del bilinguismo, dell'avere ricevuto la doppia scolarizzazione ed essere aperti a diverse culture non debbano essere limitati alle scuole private e alle *élite* che se le possono permettere. Per quanto mi riguarda, l'istruzione bilingue è un bene universale che dovrebbe essere disponibile ovunque, in quanto può positivamente trasformare un bambino, una famiglia, una scuola, una comunità e perfino un paese. È con questo credo e con la convinzione che i genitori possano fare la differenza, che condivido questa esperienza, nella speranza che più programmi bilingue sorgano nelle scuole di tutto il mondo.

Fabrice Jaumont, 21 Agosto 2017, New York, NY.

iv   Fabrice Jaumont

RINGRAZIAMENTI

Non avrei potuto completare la stesura di questo libro senza l'aiuto e l'incoraggiamento di molte persone e organizzazioni. La mia riconoscenza va a coloro che hanno dedicato il loro tempo per rispondere alle mie domande, per avermi fornito le informazioni necessarie per questo studio, per aver condiviso la loro conoscenza, passione o competenza sui temi trattati nel libro, e per avere alimentato la fiammella della Rivoluzione bilingue. Per tutto questo, e per la loro assistenza e incoraggiamento durante le varie fasi, vorrei ringraziare:

Marty Abbott, Mary Acosta, Maha Afifi, Ria Aichour, Carine Allaf, Debbie Almontaser, Tamara Alsace, Michele Amar, Gabrielle Amar-Ouimet, Anna Cano Amato, Shareen Anderson, Ana Inés Ansaldo, Gérard Araud, Carmen Asselta, Laetitia Atlani-Duault, Laurent Auffret, Milady Báez, Corinne Bal, Paolo Balboni, Lena Barbera-Johnson, Isabelle Barrière, Gretchen Baudenbacher, Antonin Baudry, Celine Beloeil, Franck Benayoun, Alessandra Benedicty, Anne Benoit, Adrienne Berman, Lenore Berner, Vanessa Bertelli, Anne Berthelot, Ellen Bialystok, Bruno Bich, Josée Bienvenu, Edith Boncompain, Piera Bonerba, Habiba Boumlik, Claire Bourgeois, Marie Bouteillon, Iwona Borys, Gilles Bransbourg, Alexis Buisson, Gracie Burke, Therese Caccavale, Talcott Camp, Robert Celic, Karyn Chemin, Lanny Cheuck, Joelle Ciesielski, Andrew Clark, Karl Cogard, Elisa Conigliaro, Ilaria Costa, Earlene Cruz, Jonas Cuénin, Elizabeth Czastkiewizc, Elizabeth Rose Daly, Caroline Daoud, Bénédicte de Montlaur, Virgil de Voldère, Merilla Deeb, Jean-Cosme Delaloye, François Delattre, Katie Dello Stritto, Anaïs Digonnet, Carmen Dinos, Verena Dobnik, Karin Dogny, Fabienne Doucet, Jean-Claude Duthion, Louis Duvernois, Joseph Dunn, Jont Enroth, Gérard Epelbaum, Francesco Fadda, Anne-Laure Faillard, Sara Fadabini, Carmen Fariña, André Ferrand, Martina Ferrari, Yuli Fisher, Nelson Flores, Tara Fortune, Heather Foster-Mann,

Jesús Fraga, Naomi Fraser, Ofelia García, Banafche Garnier, Muriel Gassan, Giselle Gault-McGee, Francesco Genuardi, Angelo Gimondo, Hélène Godec, Kevin Goetz, Enrique González, Vartan Gregorian, Francois Grosjean, Tommi Grover, Annavaleria Guazzieri, Anne-Sophie Gueguen, Bruce Hale, Skip Hale, Phillip Hall, Terri Hammat, Vanessa Handal, Mary Ann Hansen, Robert Hansen, Alan and Catherine Harper, Elisabeth Hayes, Carol Heeraman, Gaby Hegan, Hannah Helms, Christine Hélot, Annie Heminway, Juliette Hirsch, Vanessa Hradsky, Peep Hughes, Sandrine Humbert, Marion Hurstel, Sandrine Isambert, Olga Ilyashenko, Angélica Infante, Angela Jackson, Maria Jaya, Jillian Juman, Olga Kagan, Hee Jin Kan, Soumountha Keophilavong, Celine Keshishian, Jack Klempay, Tatyana Kleyn, Maria Kot, Jennifer Kozel, Thierry Roland Kranzer, Thomas Kwai, Nari Kye, Anne Lair, Mathilde Landier, Sophie Larruchon, David Lasserre, Annie Le, Benoit Le Devedec, Virginie Le Lan, Alessia Lefebure, Annique Leman, Irene León, Olga Liamkina, Silvia Limoncini, Diana Limongi, Evelyn Lolis, Susan Long, Marcello Lucchetta, Sean Lynch, Chantal Manès, Laurent Marchand, Gaétan Mathieu, Marc Maurice, Jennifer Mazigh, Hélène Maubourguet, Mimi Met, Thomas Michelon, Yumi Miki, Jeffrey Miller, Jean Mirvil, Belinda Mondjo, Christophe Monier, Oisín Muldowney, Monica Muller, Kaye Murdock, Tomoko Nakano, Florence Nash, Martina Nerrant, Naomi Nocera, Sophie Norton, Sandie Noyola, Toby Oppenheimer, Bahar Otcu-Grillman, David Ouimet, Nilda Pabon, Daniel and Ailene Palombo, Berardo Paradiso, Lucia Pasqualini, Marie Patou, Guénola Pellen, Danielle Pergament, Jayme Perlman, Catherine Pétillon, Joy Peyton, Andrea Pfeil, Magali Philip, Catherine Poisson, Kim Potowski, Florence Poussin, Stefania Puxeddu, Dana Raciunas, Blake Ramsey, Olivia Jones Ramsey, Jeannie Rennie, Luis Reyes, Nancy Rhodes, Pascale Richard, Zachary Richard, Kareen Rispal, Joseph Rizzi, Gregg Roberts, Ana Roca, Nicky Kram Rosen, Rita Rosenback, Linda Rosenbury, Alfred y Jane Ross, Keith Ryan, Emmanuel Saint-Martin, Maria Santos, Harriet Saxon, Benedetta Scardovi-Mounier, Clémence Schulenburg, Julia Schulz, Kirk Semple, Marie-Pierre Serra-

Orts, Beth Shair, Tina Simon, Elisa Simonot, Lea Joly Sloan, Olivier Souchard, Jack Spatola, Julia Stoyanovich, Ircania Stylianou, Julie Sugarman, Robin Sundick, Claire Sylvan, Véronique Sweet, Aya Taylor, Mary-Powell Thomas, Christelle Thouvenin, Paul Robert Tiendrébéogo, Pedro Tozzi Capitani, Annie Vanrenterghem-Raven, Yalitza Vásquez, Raymond Verdaguer, Louise Alfano Verdemare, Nancy Villarreal de Adler, Pierre Vimont, Cécile Walschaerts, Shimon Waronker, Katrine Watkins, Sylvia Wellhöfer, Katja Wiesbrock-Donovan, Conor Williams, Alicja Winnicki, Ron Woo, Li Yan, Mika Yokobori, Brian Zager, Zeena Zakharia, Donna Zilkha, y Amy Zimmer.

Infine, voglio ringraziare Margaret Liston per il suo incredibile talento e determinazione durante la correzione delle mie numerose bozze, e Darcey Hale, la mia "madre americana" ottantatreenne, il cui esame meticoloso, parola per parola, riga dopo riga, ha portato una maggiore chiarezza e concisione al mio testo. Ringrazio Stefania Puxeddu, Benedetta Scardovi-Mounier, Francesco Fadda per l'esemplare lavoro di traduzione in italiano di un testo originariamente scritto in inglese. Esprimo gratitudine anche a mia moglie Nathalie e alle mie due figlie Cléa e Félicie, per i loro incoraggiamenti e il sostegno necessario per completare questo progetto.

Educazione bilingue:
la rivoluzione dei genitori
e delle comunità

Di Ofelia García

Questo libro è estremamente prezioso in quanto affronta un argomento spesso assente dai dibattiti: l'importanza del ruolo che i genitori provenienti da diversi contesti etnico-culturali hanno nel forgiare una adeguata istruzione per i loro figli negli Stati Uniti. Di solito i libri sul bilinguismo si rivolgono agli insegnanti, declassando l'impatto che le famiglie possono esercitare nel far sì che i programmi di educazione bilingue vengano sviluppati nelle scuole pubbliche americane. La storia più significativa che Fabrice Jaumont ci racconta in questo libro è quella che narra *il desiderio delle famiglie americane* di offrire una scolarizzazione bilingue ai loro figli: in inglese, ma anche in un'altra lingua a cui sono profondamente legati. Contrariamente a ciò che comunemente si crede, le famiglie americane provenienti da un diverso contesto etnico e linguistico sono favorevoli ai programmi di istruzione bilingue per i propri figli.

Nei contesti in cui sia a livello federale che statale l'uso delle lingue straniere come mezzo educativo è stato visto con scetticismo, le famiglie americane della classe media partecipano attivamente a quella che Fabrice Jaumont chiama una rivoluzione, una rivoluzione partita dal basso e originata dalle famiglie che riconoscono il valore del bilinguismo perché fa parte della loro identità. E questo è il valore del libro di Jaumont: ci ricorda che l'istruzione bilingue è una tradizione americana, una tradizione, comunque, che è sempre stata caratterizzata da tensioni, controversie e difficoltà, a cui faccio cenno di seguito.

Il libro di Fabrice Jaumont ripropone la promessa della tradizione educativa bilingue e ci ricorda che tutti gli americani—quelli di diverse identità culturali, classe sociale e storia migratoria—hanno diverse pratiche linguistiche e culturali. In questo libro, i genitori americani con figli il cui patrimonio culturale include pratiche linguistiche proprie dell'arabo, cinese, inglese, francese, giapponese, italiano, tedesco, polacco, russo e spagnolo, comprendono l'importanza di queste pratiche. Questi genitori ritengono l'istruzione bilingue importante, non per via del legame con il passato o con terre straniere, ma per via dell'attuale contesto multilingue americano, e per plasmare un possibile futuro fatto di inclusione di tutti i bambini americani.

Di seguito ripercorro sia la tradizione dell'istruzione bilingue americana, che la sua antitesi. Nell'analizzare i modi in cui l'istruzione bilingue venne reinterpretata nella seconda metà del XX secolo, descrivo come il libro di Jaumont proponga una retromarcia dell'istruzione bilingue, un ritorno alle origini. Anziché iniziare con ordini e regolamentazioni governative, e concentrandosi solo su coloro a cui manca qualcosa—chi non parla inglese, che non ha una "storia" o mezzi economici— Jaumont propone di iniziare con i figli e con i desideri e le aspirazioni educative dei loro genitori e delle comunità. L'impresa non è facile. Il percorso è lungo e tortuoso, in quanto dovremmo cambiare il sistema monolingue inglese che è stato adottato dalle scuole pubbliche americane. L'aspetto più importante del libro di Jaumont è dunque la strategia che offre alle famiglie, una strategia che può aiutarle a forgiare il loro cammino, così come quando si crea, camminando, una nuova strada, per citare le parole del poeta spagnolo Antonio Machado, "camino al andar."

Una tradizione educativa americana fra corsi e ricorsi

Durante il XVIII secolo, le comunità germanofone in Pennsylvania e Ohio crearono scuole dove il tedesco veniva usato per comunicare (Crawford, 2004; García, 2009). Durante il XIX secolo queste scuole aumentarono e divennero sempre più simili ai programmi bilingue odierni. Per esempio, durante la seconda metà del XIX secolo, i bambini di Cincinnati dividevano la loro settimana scolastica fra l'insegnante anglofono e quello germanofono. Nel 1837, ad un anno dall'apertura della prima scuola monolingue inglese a St. Louis, venne creata una scuola bilingue tedesca e inglese. Durante la seconda metà del XIX secolo, nelle scuole bilingue di St. Louis, un quarto degli studenti non era di discendenza tedesca, dettaglio, questo, che fa tornare in mente l'attuale tendenza, definita come "bilinguismo interattivo" (two-way dual-language), una forma di istruzione bilingue dove studenti provenienti da minoranze etnico-linguistiche ricevono l'istruzione scolastica insieme ai prevalenti gruppi anglofoni, con lo scopo di sviluppare il bilinguismo per tutti. Tuttavia, entro la fine del XIX secolo, St. Louis terminò le sue politiche educative bilingue, limitando l'insegnamento del tedesco alle scuole secondarie pubbliche.

L'opposizione alla tradizione educativa americana bilingue non era tuttavia una novità. Dal suo inizio, coloro che non facevano parte delle comunità bianche—ossia gli indigeni d'America e gli africani ridotti in schiavitù—non avevano alcuna voce in capitolo; le loro pratiche linguistiche venivano scoraggiate e loro stessi erano surclassati ed esclusi da scuola. Il trattato di Guadalupe Hidalgo (1848), che concluse la guerra messicano-americana, rese lo spagnolo visibile in quei territori che allora appartenevano agli Stati Uniti (che oggi comprendono California, Arizona, Texas, Nevada, New Mexico, Utah e parti del Colorado e Wyoming). Nel 1874, nell'odierno New Mexico, solo il 5% delle scuole era monolingue inglese. Quindici anni dopo, nel 1889, quella percentuale era aumentata, raggiungendo il 42% (del Valle, 2003). La scuola monolingue divenne la norma in New Mexico alla fine del XIX secolo. Quando la California divenne uno stato nel 1850, un decreto stabilì che le scuole avrebbero adottato l'inglese e lo spagnolo. Comunque, cinque anni dopo, l'inglese venne riconosciuta come la sola lingua scolastica (Castellanos, 1983). L'espansione dello spagnolo nei territori americani dovette fermarsi. Per tutto il XIX secolo, gli americani che non erano considerati "bianchi", se mai ricevevano un'istruzione scolastica questa era di scarso livello, e si svolgeva in segregate scuole anglofone. Si trattava del più importante strumento usato negli Stati Uniti per eliminare l'uso di lingue diverse dall'inglese.

L'opposizione al bilinguismo scolastico e all'insegnamento di lingue considerate di "altri" fu gradualmente estesa a tutti i gruppi etnico-linguistici. In seguito all'acquisizione della Louisiana (Louisiana Purchase) del 1803, le scuole in Louisiana avevano offerto una istruzione bilingue in francese e inglese. Dal 1921 la costituzione dello stato della Louisiana richiese che tutte le scuole pubbliche insegnassero il proprio curriculum solo in inglese (del Valle, 2003). Le diverse pratiche linguistiche degli svedesi, ucraini, finlandesi, lituani, polacchi, slovacchi, greci, russi, italiani ed ebrei divennero malviste quando l'immigrazione aumentò al volgere del XIX secolo. Il presidente Theodore Roosevelt immortalò efficacemente l'umore del periodo quando nel 1915 disse che "non sarebbe stata semplicemente una sfortuna ma un crimine salvaguardare le differenze linguistiche nel paese" e raccomandò che gli immigrati che non avessero imparato l'inglese dopo cinque anni sarebbero dovuti tornare nei loro paesi d'origine (Castellanos, 1983, p. 40). Quando la Germania divenne nemico degli Stati Uniti nella Prima Guerra Mondiale, anche il tedesco era stato dichiarato non gradito. L'istruzione bilingue venne abbandonata, e anche lo studio delle lingue considerate "straniere" venne limitato. Entro il 1923, quando la Suprema Corte americana promosse leggi che limitavano l'uso delle lingue in tre stati, durante il processo *Meyer v. Nebraska*, 34 stati proibirono l'uso di lingue diverse dall'inglese durante l'istruzione scolastica (Crawford, 2004; García, 2009).

L'istruzione bilingue pubblica per le comunità etnico-linguistiche non tornò alla ribalta facilmente. Quando la restrizione venne eliminata, quei gruppi che avevano i necessari mezzi economici crearono scuole complementari che offrivano una istruzione che sosteneva le loro pratiche linguistiche e culturali nei fine settimana o dopo la giornata scolastica. Alcune comunità furono in grado di sviluppare scuole bilingue, non allineate al sistema scolastico pubblico. Per esempio, Epstein (1977) racconta che entro il 1940, la comunità franco-americana ebbe un totale di 249 scuole *"mi-anglais, mi-français, à parts égales"*, ossia per metà inglese, per metà francese, in parti uguali (Epstein, 1977, p. 37). Nonostante qualche successo, le minoranze linguistiche discriminate per motivi razziali, nel tentativo di sottometterle e colonizzarle—gli indigeni d'America, i messicani-americani e altri gruppi di origine latino-americana—non avevano i mezzi economici o il potere politico necessario per creare le loro scuole bilingue.

L'istruzione bilingue americana fra tradizione e re-interpretazione

Durante l'epoca dei diritti civili, la comunità ispanofona fece pubblicamente richiesta di avere un'istruzione bilingue a scuola, non solo come metodo educativo per i propri figli, ma anche come "mezzo per concretizzare la promessa di equità e uguaglianza civica" (Del Valle, 1998, p. 194). Fra gli attivisti in questa campagna ci furono anche le organizzazioni radicali latinoamericane come i Brown Berets e gli Young Lords, che vedevano l'educazione bilingue come un modo per esercitare controllo e migliorare l'economia delle comunità latine (Flores, 2016; Flores & García). Quello che alla fine la comunità ottenne fu qualcosa di completamente diverso.

Durante la politica di contrasto alla povertà attuata dal presidente Lyndon Johnson nel 1965, il Congresso passò lo statuto sulle scuole primarie e secondarie ESEA (The Elementary and Secondary Education Act). Tre anni dopo, nel 1968, ESEA venne riapprovato e corretto con l'inclusione del

Title VII, The Bilingual Education Act. La legislazione attivava l'accesso a fondi per i distretti scolastici che creavano programmi bilingue di "ripetizione" per gli studenti che non parlavano inglese, soprattutto afroamericani, messicano-americani e portoricani, ma anche nativi americani, hawaiani e le popolazioni dell'Alaska. L'istruzione bilingue ritornò in auge nelle scuole pubbliche, con una nuova veste, pensata per coloro che secondo il governo federale parlavano un livello limitato di inglese (Limited English Proficient), non per soddisfare i desideri delle diverse comunità linguistiche, neanche per quelle che si sarebbe dovuto aiutare. Alla fine, questi programmi federali vennero definiti di transizione, e la lingua d'origine venne usata al solo scopo di porre rimedio alla mancanza dell'inglese e di transitare da una lingua all'altra. Sin dall'inizio ci fu tensione fra le comunità linguistiche che insistevano nel volere una istruzione bilingue per i loro figli, nonostante questi fossero già bilingue. Queste tensioni diedero origine a cinquant'anni di confusione e continui attacchi.

Il governo federale prevedeva che i fondi venissero usati solo per l'istruzione bilingue di transizione. Ma i distretti scolastici che impiegavano insegnanti e avevano studenti soprattutto di origine latino-americana e indigeno americana e di altre culture usavano i loro programmi bilingue per sostenere famiglie—sia quelle con bambini che avevano un ottimo livello di bilinguismo che quelle che non erano bilingue. Gli attacchi da parte di molti contro questo tipo di programmi educativi di assistenza bilingue erano feroci. Subito dopo la sua nomina nel 1980, il presidente Ronald Reagan sintetizzò in poche parole quella che diventò l'opinione popolare della maggioranza al potere:

> *È assolutamente sbagliato e contro le idee americane avere un programma di istruzione bilingue che sia apertamente, effettivamente dedicato a preservare la lingua madre senza offrire un adeguato livello di inglese, che permetta accesso e partecipazione al mercato del lavoro (cit. in García, 2009).*

Gradualmente, il movimento contro l'istruzione bilingue cambiò anche in quegli stati che lo avevano prima sostenuto. Tre stati—California, Massachusetts e Arizona—dichiararono l'istruzione bilingue illegale all'inizio del XXI secolo e i programmi di istruzione bilingue vennero sospesi in tutto il paese (Menken & Solorza, 2014). Molti vennero sostituiti con programmi anglofoni: alcuni prevedevano l'inglese come seconda lingua, ossia come lingua di sostegno al consueto programma di istruzione, altri erano programmi di inglese autonomi, strutturati e intensivi. La tradizione americana bilingue, reinterpretata dal governo e dalle autorità educative, si arrendeva all'istruzione anglofona monolingue.

L'educazione bilingue si rinnova e diventa "Dual Language"

In contemporanea alla resa dell'istruzione bilingue, un movimento si formò per il suo rilancio con un diverso nome. Il nuovo programma paritario complementare, o di immersione paritaria, sbarazzatosi della parola "bilingue", presupponeva la presenza di un uguale numero di studenti L1 e di L2 in classe (Lindholm-Leary, 2011). Questo movimento coincise con la maggiore mercificazione del bilinguismo in quello che era oramai un mondo sempre più globale. Tuttavia, i presupposti che avevano portato alla creazione di questi programmi, sfociarono inevitabilmente in polemiche, anche perché attiravano sempre più anglofoni "bianchi", escludendo di fatto le comunità linguistiche che continuavano a desiderare il mantenimento dei programmi bilingue per i loro bambini (Valdés, 1997). Anche le regolamentazioni pertinenti alla composizione della classe (costituita per metà da anglofoni e per metà da non anglofoni) generavano controversie in molti distretti scolastici; questo succedeva perché soprattutto le comunità segregate che continuavano ad essere prevalenti in America non erano costituite da un uguale numero di studenti di varie origini. Inoltre, alcune minoranze culturali e linguistiche si videro private dell'opportunità di ricevere la doppia scolarizzazione, dato che da quel momento in poi il 50% dei posti veniva riservato agli anglofoni, dimezzando l'accesso ai non anglofoni.

Alla fine, alcune comunità crearono dei "programmi bilingue paritari unitari" (one-way dual language programs), ossia programmi bilingue destinati ad un solo gruppo non anglofono. Alcuni distretti scolastici iniziarono i programmi intensivi soprattutto in mandarino, spagnolo, francese e per i loro studenti anglofoni. Sebbene i programmi intensivi bilingue per i bambini "bianchi" monolingue di famiglie di classe sociale media fossero una rarità, non destarono polemiche. Comunque, l'istruzione bilingue destinata alle comunità costituite da immigrati o in un contesto razziale suscita controversie. Conseguentemente, i cosiddetti programmi paritari unitari, che un tempo venivano considerati programmi educativi di mantenimento bilingue, continuano ad essere visti con perplessità.

Le pratiche linguistiche degli americani della classe media monolingue sono le uniche autorizzate nelle scuole degli Stati Uniti; tutto il resto viene condannato apertamente. Sia i programmi paritari che unitari spesso non sono all'altezza degli standard parlati dai bilingue americani, in quanto sono stati strutturati secondo una logica pedagogica di apprendimento intensivo che può soddisfare la maggioranza dei bambini anglofoni, ma che non costruisce l'intero repertorio linguistico bilingue. In molti programmi bilingue paritari, il bilinguismo viene recepito come una competenza duplice ma separata, una visione bilingue in una lingua che si affida a norme linguistiche referenti a ciascun stato, anziché ad un sistema linguistico unitario. Coloro che sono bilingue o che lo diventeranno, spesso si affidano ad una pratica nota come "translanguaging", ossia usano aspetti del loro sistema linguistico unitario per completare efficacemente funzioni comunicative e per acquisire norme sociali che definiamo lingue note—inglese, francese, spagnolo, arabo, cinese, giapponese, italiano e così via (García & Li Wei, 2014; Otheguy, García & Reid, 2015). Molti programmi di istruzione bilingue, tuttavia, sia quelli paritari reciproci ("two-way") che quelli unidirezionali ("one-way"), non riescono ad usare abilmente l'intero repertorio comunicativo del bambino, limitando le proprie prestazioni solo a quelle caratterizzate dal comune concetto di inglese standard, o dell'altra lingua. Le pratiche linguistiche che caratterizzano il bilinguismo spesso non riescono a conformarsi ad una lingua ufficiale o all'altra, vengono stigmatizzate e i bambini non hanno alcuna possibilità di migliorare. I programmi bilingue che agiscono in questo modo contribuiscono all'insicurezza linguistica di tutti i bambini bilingue, a prescindere dal tipo di programma. Poiché non riflettono le comunità etnico-linguistiche americane, e non sono da loro portate avanti, la stretta interpretazione dell'idea delle competenze duplici e separate contribuisce ad aumentare le perplessità riguardanti la competenza bilingue fra i bambini e mina la propria fiducia nel proprio bilinguismo.

L'istruzione bilingue cambia direzione

Come accennavo all'inizio, il più importante contributo del libro di Fabrice Jaumont è il suo approccio all'istruzione bilingue che *restituisce l'autorità alle comunità etnico-linguistiche e al loro desiderio di istruzione bilingue per i loro figli.* L'istruzione bilingue ritorna alle origini, riconoscendo l'interesse delle varie comunità nella doppia scolarizzazione come metodo educativo per i propri figli. Il libro di Jaumont ci mostra come i genitori e le comunità stanno portando avanti questa trasformazione.

Il campo dell'istruzione bilingue ha posto l'attenzione sul modo in cui i programmi dovrebbero essere strutturati e su come gli insegnanti dovrebbero insegnare. Ma la componente più importante dell'istruzione bilingue, ossia le diverse comunità e le stesse famiglie, e soprattutto le madri, che hanno sempre avuto un ruolo importante nell'educazione dei propri figli, sono state tenute completamente escluse. Questo libro istruisce quei genitori in modo tale che diventino dei leader educativi che conducano lo sviluppo dei programmi bilingue con lo scopo di offrire un buon servizio alla loro comunità e ai bambini. Tali programmi bilingue non diffidano dalle pratiche culturali o linguistiche dei bambini. Al contrario, hanno grande considerazione dell'inestimabile valore delle risorse che tali comunità offrono. Il libro racconta la vera storia di genitori che coordinano la comunità e lottano per cambiare la direzione dell'istruzione americana odierna. Assistiamo alla creazione di collaborazioni non solo fra genitori, ma anche fra genitori e organizzazioni importanti o diverse comunità con una storia di avversità. Si scopre così che il maggiore impatto è quello determinato dai genitori e dal loro interesse e impegno nel sostenere la causa per conto dei loro bambini. Non stiamo parlando della tipica partecipazione o dell'impegno del quale tratta la letteratura pedagogica. Intendiamo invece la guida esercitata dalle famiglie verso la trasformazione all'interno della scuola. Le dinamiche autoritarie si sono invertite: ora è la comunità che sta seduta al posto di comando e si dirige verso la sua destinazione.

L'aspetto interessante riguarda il fatto che la rivoluzione dei genitori descritta nel libro si svolga a New York, ossia nella "mela multilingue" dove gli americani hanno promosso diverse pratiche linguistiche e culturali (García & Fishman, 2001). Notiamo inoltre come colui che riconosce e guida questa rivoluzione sia una persona preposta alla salvaguardia del proprio patrimonio culturale francese, che vive e lavora negli Stati Uniti. Il ruolo di Jaumont nella formazione dei genitori per far capire loro i benefici dell'educazione bilingue, così come nell'aiutare gruppi di genitori di qualsiasi contesto sociale ad organizzarsi, è stato ineguagliabile, in quanto sin dall'inizio era a conoscenza del fatto che solo genitori e comunità potevano essere i protagonisti del mutamento. Il successo della tradizione educativa bilingue americana dipenderà dalla forza di volontà dei genitori. Ma la forza di volontà da sola non basta, ed è per questo che Jaumont offre qui una strategia per attivare e sostenere i programmi bilingue.

Certo, la rivoluzione parentale in sostegno al bilinguismo scolastico non è un processo uguale per tutte le comunità. A differenza dei programmi bilingue paritari obbligatori organizzati allo stesso modo dalle autorità educative locali, questo libro conferisce ad ogni comunità la libertà di organizzarsi come crede. Naturalmente, le comunità devono rifarsi ad ordinanze relative al distretto scolastico, ma le strade percorse si distinguono da comunità a comunità. Infatti, uno delle cose più memorabili del libro è che nonostante l'attuale maggiore diversità linguistica e culturale, è possibile creare e sostenere i programmi di istruzione bilingue indirizzati a diverse comunità. I risultati delle comunità di lingua araba, cinese, inglese, francese, giapponese, italiana, tedesca, polacca, russa e spagnola raffigurati in questo libro sono diversi. Le loro azioni sono servite ai loro interessi, ma anche a quelli che vanno oltre i loro. Jaumont mostra non solo il successo dei genitori, ma anche le loro difficoltà e le loro sconfitte, e come si siano dovuti adattare alle pressioni politiche e sociali per sopravvivere.

Jaumont ci invita a rivoluzionare il sistema, restituendo la programmazione dell'istruzione bilingue alle famiglie e alle comunità, ricordandoci che è così che è iniziata, nel XVIII secolo coì come nel XX. La nostra esperienza ci dice che la creazione dei programmi bilingue dal basso non è facile. Tuttavia, è una importante battaglia, una che ha sempre fatto parte dell'essenza del vivere americano e che è stata rivendicata oggi dalle comunità culturali di tutto il paese. Nel rendere visibile il ruolo importante soprattutto delle donne in questa rivoluzione—madri e insegnanti che sono sempre state custodi ed educatrici—ci torna in mente che il futuro dei nostri bambini bilingue americani è in buone mani, in mani che rifiutano di delegare il proprio ruolo premuroso e di sostegno alle burocrazie scolastiche.

LA RIVOLUZIONE BILINGUE

L'esortazione

Supponiamo di vivere in un mondo dove ogni bambino può crescere bilingue. Se questa idea vi ispira, allora sappiate che c'è un modo per ottenerla. Attraverso l'impegno assiduo di genitori ed educatori, il rinnovato impulso a favore dei programmi bilingue sta cambiando il panorama educativo delle scuole, delle comunità e delle città in tutto il mondo. Nel giro degli ultimi due decenni, l'approccio americano all'istruzione è passato dalla padronanza di una lingua all'obiettivo del bilinguismo, che significa, nello stesso tempo, arricchimento linguistico, e mantenimento dei patrimoni culturali. Questo nuovo approccio ha spinto le comunità linguistiche a creare i programmi bilingue paritari che hanno abbracciato questi nuovi obiettivi. I nuovi programmi hanno attratto migliaia di migliaia di famiglie che sostengono il multilinguismo e che hanno suscitato interesse tra molti genitori che vorrebbero aver avuto loro stessi accesso a tali programmi nelle loro scuole quando erano piccoli.

Sebbene le radici dell'istruzione bilingue negli Stati Uniti possa essere datata all'inizio del XVII secolo, ci troviamo di fronte ad un nuovo fenomeno di bilinguismo con tre obiettivi. Il primo obiettivo è quello di abbracciare le culture proprie delle famiglie e comunità linguistiche e di promuoverne il patrimonio culturale come una parte importante del mosaico della nostra società. Il secondo obiettivo consiste nel facilitare la riconciliazione fra genitori e scuole e incoraggiare un fruttuoso dialogo tra genitori, amministratori scolastici e professionisti dell'educazione. Il terzo obiettivo, infine, è di promuovere un ambiente sociale, economico e culturale che rispetti tutti e che aiuti ad appianare quelle divergenze che tuttora ci dividono.

L'educazione bilingue significa qualcosa di diverso per ognuno di noi. C'è chi vuole accedere all'inglese e alle eque opportunità che offre. Altri vogliono sostenere il proprio patrimonio e utilizzare l'istruzione bilingue per questo scopo. Altri sono interessati ai benefici del bilinguismo per lo sviluppo cognitivo. Altri ancora sono interessati all'acquisizione di una seconda, terza o quarta lingua per via delle opportunità professionali e i vantaggi che fornirà. Insomma, queste prospettive hanno in comune lo stesso obiettivo: creare una società multilingue con un accesso maggiore alle lingue e alle culture. Uno degli obiettivi principali di questo libro è di intrecciare queste diverse prospettive, facendo in modo di attivare più programmi bilingue e conseguentemente generare più opportunità per i bambini. Essere bilingue non è più un fatto superfluo, né il privilegio di pochi. Essere bilingue non è più un tabù per gli immigrati che vogliono ardentemente che i loro bambini si assimilino facilmente nel loro nuovo ambiente. Essere bilingue è la nuova norma, ad iniziare dai nostri più giovani cittadini. Nel rendere accessibili i vantaggi del bilinguismo ad un maggiore numero di bambini, possiamo portare avanti una strategia del XXI secolo, realistica e aggiornata, in grado di far progredire le nostre società, incoraggiando le comunità ad investire nel loro patrimonio linguistico, chiedendo alle scuole di adottare l'istruzione bilingue paritaria, e permettere alle nuove generazioni di diventare cittadini globali multilingue. Questa visione è rafforzata dal credo che quando l'istruzione bilingue di qualità è resa disponibile a tutti—nelle scuole pubbliche di tutto il paese, dalla scuola materna all'università—le possibilità di successo dei nostri figli aumentano, le nostre scuole prosperano, e le nostre comunità crescono. Ciò che più conta, l'essenza della *Rivoluzione bilingue* è che colloca i genitori al centro del cambiamento, come se avessero il potere di trasformare i panorami educativi delle loro comunità.

I genitori che hanno condotto i recenti programmi bilingue, alcuni dei quali ci offrono la loro testimonianza in questo libro, valutano i benefici del bilinguismo, della doppia istruzione e del bi-culturalismo. Costoro chiedono che le scuole aiutino a promuovere competenze poliglotte e che incoraggino l'acquisizione della nuova lingua il più presto possibile, preferibilmente attraverso i programmi intensivi. Alcuni di questi genitori sono anche motivati da un forte desiderio di sostenere il loro patrimonio linguistico e chiedono che le scuole riconoscano il valore del patrimonio linguistico e culturale dei loro figli. Se le autorità scolastiche ristrutturano l'istruzione bilingue in modo da rivolgersi a più bambini e in modo da centrare nuovi obiettivi, lo scopo di questo libro è di mettere i genitori nelle condizioni di fare la differenza nel creare iniziative e nello stabilire i nuovi programmi bilingue paritari. Questo sarebbe un enorme beneficio per qualsiasi società i cui cittadini abbiano la volontà di aprire le loro menti al mondo—il mondo di altri—attraverso il perfezionamento delle lingue e la scoperta di nuove culture. *La Rivoluzione bilingue* racconta la storia di un approccio dal basso, popolare, condotto attraverso l'impegno dei genitori che hanno trasformato positivamente scuole e comunità con modalità senza precedenti.

Da dove iniziare?

Per avere successo, è auspicabile che i genitori studino i vari aspetti del bilinguismo, dell'istruzione bilingue, dell'impegno comunitario e del coordinamento dei volontari. È necessario, inoltre, che comprendano l'importanza delle collaborazioni necessarie per costruire programmi forti e guadagnare l'impegno dei leader scolastici, la dedizione degli insegnanti, e l'incessante impegno dei genitori su tutti i fronti. Con questo tipo di approccio informato e di accortezza, i genitori e le scuole che ospitano questi programmi possono trarre beneficio dalla molteplicità della popolazione a cui servono. Tali programmi fanno appello alla diversità del corpo insegnante, così come alla propria capacità di incorporare differenze linguistiche e culturali nella pedagogia applicata. Poiché tale modello è ricco di progresso cognitivo e benefico alle funzioni cerebrali, i vantaggi per i nostri bambini e le nostre comunità sono significativi. I capitoli seguenti affronteranno in maggiore dettaglio queste importanti scoperte e nozioni e indicheranno i primi passi da seguire per creare molti più programmi bilingue. *La Rivoluzione bilingue* è un libro pensato come una guida pratica e accessibile di sostegno ai genitori ed educatori nel loro progetto, ed è la storia di un movimento nato a Brooklyn, raccontato attraverso gli occhi dei genitori e degli educatori che crearono i corsi bilingue nelle loro scuole. Quei genitori credevano in una istruzione bilingue come bene universale accessibile ovunque, in quanto può—in maniera costruttiva—cambiare un bambino, una scuola, una comunità e perfino un paese.

La strategia presentata in questo libro fornisce ai lettori la conoscenza, le esperienze e gli strumenti necessari per creare efficaci programmi bilingue paritari. Questa strategia è stata delineata da genitori ed educatori nell'intento di aiutare altri a formare e sviluppare le loro iniziative bilingue in ogni angolo del mondo. Ispirato da tale spirito, questo libro vuole incapsulare l'energia e la visione dei genitori e degli educatori a New York City, che hanno capito l'importanza dell'istruzione bilingue paritaria nel contesto di un XXI secolo segnato dalla crescente globalizzazione. La spinta e lo spirito di collaborazione di questo gruppo motivato anima la Rivoluzione bilingue tutt'oggi, tramite nuove iniziative che sorgono in comunità negli Stati Uniti e intorno al mondo. Se New York serve come sfondo per le vicende raccontate in questo libro, è mia convinzione che la strategia possa essere applicata ben oltre i grossi centri urbani e che i programmi bilingue possano fiorire ovunque.

Una stimolante storia di successo

Il fatto che metà della sua popolazione parli una lingua diversa dall'inglese rende la città di New York un microcosmo del mondo che fornisce lo scenario perfetto per questo libro. New York è il fulcro ideale per una rivoluzione bilingue: offre ben 200 programmi bilingue ad oltre 100.000 bambini, servendo su larga scala una popolazione studentesca dalle diverse capacità linguistiche. L'istruzione bilingue è attualmente offerta in una varietà di lingue: al momento della pubblicazione di questo libro, tali lingue includono lo spagnolo, il mandarino, il francese, l'arabo, il tedesco, il creolo, l'italiano, il giapponese, il russo, il bengali, il polacco, l'urdu, il coreano e l'ebraico. Molte storie personali e i resoconti di questi programmi sono stati inclusi in questa opera. Inoltre, l'uscente Provveditore agli Studi Carmen Fariña, importante sostenitrice dell'istruzione bilingue durante la sua intera carriera, ha incoraggiato fortemente l'espansione dei programmi bilingue in tutta la città durante il suo mandato nella città di New York.[i] Il suo successore, Richard Carranza, sembra essere ugualmente determinato a proseguire il percorso avviato.

Con la creazione di programmi bilingue nelle scuole pubbliche, la città fornisce accesso ad una istruzione bilingue di qualità a bambini di provenienza culturale e socioeconomica diversa. I programmi bilingue paritari di New York esistono da oltre venti anni, e stanno gradualmente ed efficacemente sostituendo i tradizionali modelli di istruzione bilingue che si concentravano sull'insegnamento dell'inglese agli immigrati.

I precedenti programmi bilingue erano generalmente offerti in forma transizionale, per aiutare gli studenti non anglofoni ad acquisire padronanza dell'inglese, nel contempo ricevendo la scolarizzazione nella loro lingua madre, seguendo il curriculum adeguato alla loro età e classe scolastica. Questo approccio era utilizzato in quanto facilitava la transizione degli studenti verso l'inglese e il programma scolastico generale, ma non contribuiva granché a sviluppare e mantenere la lingua madre degli studenti, alcuni dei quali finivano con il diventare monolingue anglofoni. Per legge, molti stati americani richiedono l'implementazione dei programmi bilingue nel caso in cui una scuola abbia venti o più studenti iscritti della stessa età, tutti con una limitata padronanza dell'inglese e tutti con la stessa lingua madre.[ii] A New York, una classe bilingue deve essere creata quando quindici studenti parlano la stessa lingua e frequentano la stessa classe o sono in classi vicine.

Oltre New York

Programmi simili sono stati creati in centinaia di città americane e nel mondo. *La Rivoluzione bilingue* è una storia di successi ma anche di battute d'arresto, raccontata attraverso le testimonianze di genitori ed educatori. Con le loro differenze, questi ritratti illustrano una possibile strategia contemporanea per preservare un patrimonio linguistico e allo stesso tempo promuovere una nuova generazione di cittadini bilingue e multiculturali, e che sono stati scolarizzati in entrambe le lingue e culture.

Sia i bambini che gli adulti fanno parte di questo movimento che salvaguarda i legami linguistici, culturali e storici della loro comunità etnica e linguistica. La voglia di programmi bilingue ha conquistato le scuole. Nel 2013, trentanove Stati e il Distretto di Columbia hanno riportato l'implementazione di "uno o diversi programmi bilingue."[iii] Si pensa che questo numero aumenterà in maniera esponenziale negli anni futuri.

L'istruzione bilingue ha un potenziale enorme. Perché? Perché i nostri figli sono parte di un mondo che si sta riducendo, nel quale le lingue servono come percorso per comprendere gli altri ovunque nel mondo, così come per comprendere noi stessi. I nostri figli meritano di avere la possibilità di stare in contatto non solo con i loro parenti e amici, ma anche con la cultura e la storia delle altre nazioni. Questo approccio educativo offre la possibilità di coltivare il rispetto, la tolleranza e la mutua comprensione. Queste sono le fondamenta di un mondo pacifico.

È necessario adottare e migliorare il bilinguismo coltivato a livello locale e questo può succedere solo se offriamo queste lingue nelle scuole pubbliche. Inoltre, i figli delle famiglie immigrate, cresciuti in ambienti dove si dà importanza alla lingua dei loro genitori imparano la lingua dominante prima, come mostrano molti degli studi discussi in questo libro. Oggi sempre più studenti beneficiano dei programmi bilingue paritari a tempo pieno. Un numero sempre crescente di comunità linguistiche si sono unite alla Rivoluzione bilingue, come gli esempi presentati in questo libro possono confermare.

Invito alla cautela

Prima di passare al punto centrale di questo libro, è importante ricordare che l'opera non pretende di coprire tutti gli ampi problemi che circondano e qualche volta compromettono l'istruzione bilingue, soprattutto nel contesto dell'istruzione pubblica degli Stati Uniti. I problemi razziali, di povertà, segregazione, classe sociale e gentrificazione hanno avuto e continuano ad avere un peso importante sullo sviluppo dei programmi di istruzione bilingue e sull'istruzione pubblica in questo paese. Si deve altresì evitare di rendere tali programmi una esclusiva per le classi agiate e, invece, continuare a lavorare in solidarietà con le altre minoranze linguistiche, che da tali programmi hanno tutto da guadagnare, se i loro quartieri diventano signorili. Questi problemi devono essere esaminati seriamente e oltre i limiti di questo libro. Chi fosse interessato ad approfondire questi temi delicati, troverà molte citazioni di ricercatori e studi autorevoli, sia nel libro che nella bibliografia.

In seguito alla maggiore chiarezza sui benefici del bilinguismo e multiculturalismo da parte della ricerca—in particolare per quanto riguarda l'impatto del bilinguismo sul potenziamento cognitivo, il giudizio critico e la sensibilità nei confronti di altri popoli e altre culture—La Rivoluzione bilingue cerca di ispirare e coinvolgere tutti i genitori. Questi individui non saranno solo i difensori dell'istruzione bilingue, ma veri pionieri, disposti a spronare la trasformazione positiva delle proprie società e ad attrarre il pubblico verso le scuole pubbliche, promuovendo una vita comunitaria attiva (socialmente, economicamente e culturalmente) e una mutua comprensione e rispetto per i gruppi di minoranza e le persone di varia provenienza sociolinguistica ed economica. Questo è il percorso da fare per interrompere il ripetersi della situazione in cui l'accesso ad una buona istruzione è spesso collegato a stato sociale e reddito. Le voci dei rivoluzionari di ieri e di oggi risuonano nell'intero libro in quanto collegate in qualche modo con il complessivo tema della Rivoluzione bilingue: un miglior futuro per i nostri bambini e il nostro mondo.

CAPITOLO 1

La Forza di volontà dei genitori: Sì, possiamo...

In tutto il mondo, i programmi bilingue più recenti devono molto del loro successo alla forza di volontà dei genitori. Negli Stati Uniti, la grande maggioranza dei programmi bilingue venne creata semplicemente perché le famiglie ne chiesero l'attivazione o furono in grado di convincere i presidi e i sovrintendenti scolastici dei vantaggi che avrebbe apportato. I genitori sono da sempre stati forti sostenitori dell'istruzione bilingue e hanno facilitato l'implementazione dei programmi bilingue tramite contributi finanziari, collette e volontariato. Questo non è solo un fenomeno americano; c'è una miriade di esempi, in tutto il mondo, di iniziative lanciate da genitori interessati all'istruzione bilingue per i loro figli, volte sia all'acquisizione di una nuova lingua, che al mantenimento del loro patrimonio linguistico. Ciò che lega tutti questi movimenti l'uno all'altro è il desiderio e l'impegno genitoriale di passare competenze di valore ai propri figli, per aiutarli ad avere successo in un interconnesso mondo globale.

La consapevolezza della propria autorità

Storicamente, i fondamenti iniziali e l'implementazione dei programmi di istruzione bilingue negli Stati Uniti furono un risultato diretto del lavoro assiduo di attivisti civili—molti dei quali erano loro stessi genitori che volevano assicurare che ai loro figli venisse offerta l'opportunità di imparare a scuola e avere successo nella società. Costoro si battevano per i diritti dei nuovi immigranti, che parlavano l'inglese a stento, negli anni settanta e ottanta.[iv] Questi genitori rivendicavano efficacemente il diritto dei loro bambini a ricevere un'istruzione bilingue, mettendo in evidenza gli svantaggi dell'istruzione monolingue per coloro che imparavano l'inglese come seconda lingua, ed esigendo l'insegnamento della loro madre lingua, oltre che dell'inglese. Grazie al lavoro innovativo di questi attivisti, i genitori americani sono ora autorizzati per legge a selezionare il programma di acquisizione linguistica che desiderano, se un numero sufficiente di genitori già presenti a scuola, fa richiesta di formare una classe.

Il numero dei successi collezionati da gruppi genitoriali di tutto il mondo che hanno usato la propria autorità per spronare la creazione di programmi bilingue è decisamente non comune. In Francia, dove l'istruzione bilingue è pesantemente regolamentata dal governo, i programmi bilingue iniziano ad apparire nei primi anni del 2000, grazie alla spinta dal basso, proveniente dalle associazioni genitoriali che promuovevano i programmi nel settore scolastico prima privato, e poi pubblico.[v] In Irlanda, nonostante il governo irlandese sostenesse l'insegnamento dell'irlandese come seconda lingua, è stato grazie ai genitori che si sono battuti per i programmi bilingue in irlandese e inglese in tutto il paese—perfino oltre le zone dove l'irlandese è comunemente parlato quotidianamente (Gaeltacht).[vi] In Canada, una organizzazione di genitori chiamata "Canadian Parents for French" è diventata una forza importante dietro la crescita dei programmi bilingue in tutta la nazione, organizzando campagne di sostegno al francese e pubblicando relazioni su temi come l'equo accesso ai programmi di immersione linguistica, alloggi per studenti bilingue con bisogni educativi speciali, e prospettive di lavoro per professionisti bilingue.[vii]

Se i genitori si organizzano e rimangono determinati anche di fronte alle sfide serie, possono diventare una forza decisiva nel settore dell'istruzione pubblica. Hanno il potenziale di creare accesso a programmi bilingue per bambini di diverso contesto socio-economico ed etnico-culturale. Ad ogni modo, sappiamo tutti che i genitori non sono i soli attori impegnati nelle comunità educative. Perciò, essi devono collaborare con altri attori a livello scolastico e anche nella propria comunità, per far si che un programma bilingue paritario di successo emerga. Talvolta può essere difficile vincere il sostegno dei presidi, insegnanti e amministratori che spesso non sono bilingue e che non sono necessariamente esperti di istruzione bilingue. Per dirlo senza mezzi termini, spesso pesa sui genitori l'onere di convincere gli amministratori scolastici e gli insegnanti dei meriti di questi programmi. Un ex preside di una scuola di New York, con il programma bilingue sia in spagnolo che in francese, una volta disse queste parole:

> *I genitori hanno l'autorità massima. I genitori hanno bisogno di fare una petizione, scrivere lettere e lamentarsi, in quanto tutto questo crea il cambiamento—molto di più di qualsiasi altra cosa che io possa fare, per quanto io o qualsiasi altro preside possa o voglia fare. Sono i genitori che hanno l'autorità. Questo non vuol dire che possano riuscirci sempre, ma almeno sono in grado di farsi sentire da chi le decisioni le può prendere.*[viii]

Come il preside nota giustamente, i genitori devono senz'altro avere voce in capitolo fra le comunità delle scuole pubbliche e possono attirare l'attenzione di coloro che decidono. La loro forza non dovrebbe essere sottovalutata.

Ciò che spesso complica questo vantaggio sta nel fatto che spesso le autorità scolastiche non creano sufficienti opportunità di incontro per le comunità, dove i genitori possono discutere le loro opinioni sui tipi di programmi e iniziative che la scuola dovrebbe implementare. Questi incontri possono essere piuttosto proficui perché riducono i timori che gli amministratori e gli insegnanti possono avere sulle iniziative guidate dai genitori, e spronano l'impegno e il morale genitoriale (ossia, dopo aver conosciuto la storia di altri genitori che hanno con successo implementato programmi dello stesso tipo, o anche creando una strategia comune o un piano d'azione). In assenza di una amministrazione scolastica ricettiva, i genitori potrebbero essere costretti a trovare modi alternativi e spesso polemici per raggiungere i loro obiettivi. Sebbene le proteste dovrebbero essere lasciate solo come ultima risorsa durante il processo di creazione del programma bilingue paritario, qualche volta questo è l'unico modo per iniziare un dialogo con le autorità scolastiche se manca la struttura adatta ad accogliere e riconoscere l'aiuto genitoriale. È opportuno che i genitori siano consapevoli del loro potere negoziale e dei loro diritti, ma che prima cerchino di creare rapporti produttivi e di collaborazione con altri attori della loro comunità educativa.

I genitori devono essere consapevoli del fatto che ogni grande modifica è accompagnata dalla naturale resistenza, soprattutto da parte di coloro che non ne sono coinvolti. Conoscere la comunità scolastica allargata è di primaria importanza per il successo di ogni programma bilingue paritario. A New York, ad esempio, molti dei genitori che cercano di iniziare i programmi bilingue mirano a scuole dei loro distretti che potrebbero trarre beneficio dall'aumento delle iscrizioni o che accolgono un aumento dei loro fondi scolastici. Questi gruppi di genitori possono apparire degli estranei che, intenzionalmente o no, vogliano imporre la propria volontà all'intera popolazione scolastica. I genitori dovrebbero essere molto cauti ed evitare conflitti con la base parentale che è già presente all'interno della scuola, e preoccuparsi di integrarsi con la base sociale più allargata, che va oltre la comunità del programma bilingue stesso. È fondamentale che i benefici della presenza di una comunità culturale nella stessa scuola vengano distribuiti a tutti gli studenti. Questo obiettivo può essere raggiunto fornendo programmi di arricchimento, gite e risorse pedagogiche a tutti i bambini della scuola.

Creare la comunità

I genitori provenienti da diverse comunità culturali possono diventare gli architetti delle opportunità educative bilingue che beneficiano del loro patrimonio socio-culturale. A New York la vasta maggioranza di famiglie interessate alla creazione dei nuovi programmi bilingue paritari vicino alle loro case sono motivati dal forte desiderio di sostenere il loro patrimonio linguistico che va oltre al semplice desiderio di sviluppare le competenze di inglese. Tali comunità possono rinforzare i legami linguistici che li uniscono e sostenere i programmi bilingue paritari. Non è sufficiente sviluppare e sostenere una lingua a casa senza un sostegno orale e scritto a scuola. La perdita linguistica e l'assimilazione nella società americana si verificano rapidamente, soprattutto nei bambini. I programmi bilingue sono l'ideale in quanto forniscono una alta percentuale di istruzione giornaliera nella seconda lingua così come in inglese, mettendo i bambini in grado di migliorare le loro competenze in entrambe le lingue all'interno del contesto accademico. Sta ai genitori appartenenti a comunità madrelingua, assicurarsi che i propri figli ricevano questo tipo di istruzione. È nei loro diritti ed è una battaglia che vale davvero la pena intraprendere.

Per quelle famiglie direttamente appartenenti alle comunità culturali ci sono vantaggi dimostrati che sostengono lo sviluppo accademico della loro lingua madre. Ad esempio, se i membri più anziani della famiglia, come i nonni, parlano la loro lingua di casa, un programma bilingue paritario può rendere in grado i bambini di sviluppare delle relazioni sociali con loro nonostante le differenze generazionali e linguistiche. I benefici sono anche più notevoli per i genitori che parlano lingue diverse dall'inglese; i programmi bilingue paritari permettono ai bambini di sviluppare legami più profondi con i propri genitori conversando a proprio agio con loro nella loro lingua madre. Il problematico fenomeno della perdita linguistica è piuttosto comune negli Stati Uniti. Tantissime volte i genitori che immigrano in un paese non credono di dover parlare ai loro figli nella loro lingua madre, perché pensano che ciò li possa ostacolare nell'apprendimento dell'inglese, o sono preoccupati che il bilinguismo dei loro figli diventi uno stigma discriminante. Pertanto, alcune famiglie scelgono di parlare ai loro figli in un inglese scorretto anziché parlar loro in maniera sciolta nella loro lingua. Questa pratica non aiuta, e certamente nel complesso ostacola le capacità linguistiche. I programmi bilingue lavorano per contrastare queste dolorose pratiche fornendo un'istruzione significativa in entrambe le lingue, la lingua inglese e la lingua di provenienza, in quanto la padronanza di una lingua rinforza l'altra.

I programmi bilingue paritari inoltre offrono l'opportunità assai rara di coltivare le relazioni fra i diversi gruppi all'interno di una comunità e di superare le tipiche "barriere" identitarie. Quando i bambini provengono da diversi contesti linguistici, da diverse culture e magari da diverse fasce sociali, interagiscono fra di loro ogni giorno in classe. Le famiglie possono così conoscersi e creare dei legami che superano questi confini a prima vista insormontabili. Inoltre, i programmi bilingue paritari portano beneficio all'intera comunità, affidandosi all'aiuto dei genitori motivati da cause sociali che riguardano l'intera comunità scolastica, migliorando le capacità di generare fondi e arricchendo le offerte extra curricolari della scuola. Spesso i quartieri con nuovi programmi bilingue diventano immediatamente desiderabili grazie all'interesse per il curriculum offerto. Questo ha un impatto positivo sull'economia locale e qualità della vita nel quartiere, e conseguentemente, espande gli stessi programmi.

Per molti presidi, il programma bilingue è un modo di lasciare il proprio segno su una scuola accogliendo il bilinguismo come segno distintivo. I programmi bilingue paritari spesso hanno il potere di salvare una scuola che sta fallendo, migliorare i risultati dei test in tutte le materie incluso le discipline linguistiche e la matematica, o dare una nuova identità[ix] ad una scuola non completamente valorizzata. Questo è stato il commento di un preside riguardo al programma bilingue della sua scuola:

Abbiamo iniziato il programma bilingue francese alla scuola PS133 in modo molto organico. Nel 2009, un gruppo di genitori francofoni mi chiese di considerare la possibilità di aprire un programma bilingue francese. Insieme al mio vicepreside, specializzato in alfabetizzazione, andammo a visitare una scuola vicina, che aveva già un programma avviato e decidemmo che sarebbe stata una idea meravigliosa [...] Nel 2010 ho assunto un insegnante bilingue e ho aperto una classe bilingue autonoma. Diciamo che fu un gran successo. L'anno successivo ho creato due classi di kindergarten (= scuola materna) e una prima, e da allora abbiamo aggiunto due classi ogni anno. Il bilinguismo è un tratto distintivo della nostra scuola, nella quale accogliamo studenti di diversi contesti linguistici.

Il successo del programma francese ha incoraggiato i genitori di origine ispanica a chiedere un programma in spagnolo. Dopo cinque anni, facevo fatica ad immaginare un giorno senza sentire parlare in francese e spagnolo in classe e lungo i corridoi.[x]

In questo caso, i genitori non solo hanno convinto il direttore a creare un programma in francese, ma hanno anche sostenuto la decisione della scuola di offrire un programma in spagnolo. Gli sforzi dei genitori hanno trasformato con successo una scuola monolingue in un modello di istruzione bilingue paritaria.

Costruire il successo

Dal giorno della sua creazione, il programma bilingue non può fare a meno dell'aiuto e del sostegno dei genitori. Possono agire come ambasciatori della propria lingua e cultura nella loro comunità scolastica organizzando eventi di arricchimento culturale o anche attività e lezioni nel dopo scuola. È molto importante dimostrare che tutti i bambini della scuola sono esposti ad una cultura educativa di valore, che non è il privilegio esclusivo degli studenti del programma bilingue. Inoltre, i genitori possono fornire la necessaria assistenza in classe e al di fuori, leggendo libri ad alta voce ai bambini, aiutando con la ricerca delle risorse bilingue per la classe, preparando un piatto tipico da far assaggiare all'intera classe, o fornendo assistenza per i compiti agli studenti che non hanno alcun sostegno linguistico a casa, per citare qualche idea. Così come in una classe monolingue, i genitori bilingue possono rendersi disponibili ad accompagnare la classe alle gite organizzate per offrire attività culturali in altre lingue, fuori dal contesto scolastico. Marie Bouteillon, un tempo insegnante del programma bilingue paritario a New York City, e stimata consulente bilingue, descrive l'aiuto solido a lei fornito dai genitori durante le gite:

Il fatto che il francese fosse una lingua di minoranza mi rendeva tutto difficile. Quando andavamo alle gite dove tutto si svolgeva in inglese, avere degli accompagnatori francofoni faceva la differenza. L'idea di raggruppare gli scolari anglofoni insieme a quelli francofoni è stata fantastica. Aprivano le loro menti a qualcosa di completamente diverso, inoltre parlavano in francese, non in un contesto accademico, ma sociale. Era davvero bello.[xi]

Non ci sono limiti alla portata del sostegno che le famiglie possono fornire alle classi bilingue paritari, e il loro impegno può fare in modo che il programma si svolga senza intoppi e che raggiunga un alto livello di successo.

Oltre all'apprezzato e necessario aiuto, le famiglie dovrebbero essere sensibili ed evitare di creare tensioni non necessarie, soprattutto nelle prime fasi dal lancio del programma. Gli insegnanti e i presidi devono essere messi in grado di dimostrare di essere istruttori e amministratori capaci, prima di arrivare a conclusioni affrettate basate su opinioni personali pertinenti all' istruzione bilingue. Visto che il curriculum bilingue non si crea da un giorno all'altro, i genitori devono capire che il lavoro degli insegnanti è estremamente arduo e dovrebbero rendersi conto della mole di lavoro che viene impiegata nella creazione del programma bilingue paritario. I genitori dovrebbero evitare di esprimere giudizi sui metodi di insegnamento, tenendo in mente che gli istruttori del programma bilingue paritario cercano, a modo loro, di districarsi fra due o più culture, lingue e approcci all'apprendimento. Questo non è un compito da poco. Il miglior contributo che i genitori possono offrire è quello di incoraggiare gli insegnanti, e offrire assistenza ogni qualvolta è richiesta.

Gli insegnanti apprezzano moltissimo una opinione sulle difficoltà dei genitori, in quanto è quasi impossibile intercettare i possibili ostacoli volta per volta. Invece di adottare una posizione accusatoria, i genitori dovrebbero permettere all'insegnante del loro bambino di spiegare le ragioni che hanno motivato le sue scelte pedagogiche. Naturalmente, è perfettamente accettabile chiedere spiegazioni; ad ogni modo, porre gli insegnanti o amministratori sulle difensive dopo mesi, magari anni di preparazione su un programma specifico, quasi sicuramente non produrrà un buon risultato. È importante che i genitori continuino ad essere cortesi durante le loro interazioni con gli insegnanti e gli amministratori scolastici, in quanto ci vogliono persone davvero speciali per gestire i programmi bilingue "dual language". Di sicuro considerano il successo della loro classe prima di qualsiasi altra cosa.

Una volta lanciato il programma, i genitori che lo hanno fondato devono delegare ciò che hanno creato alla scuola. Può risultare difficile per certi genitori rinunciare al controllo del programma. Questo è il momento adatto per pensare a come continuare ad organizzare le attività fuori dal ruolo di supervisione e implementazione che viene assunto dall'insegnante. Per esempio, i genitori potrebbero mettere in evidenza i posti dove la lingua "target" non è inclusa all'interno della comunità scolastica, e creare nuove opportunità per esercitare quella lingua, come ad esempio invitare artisti e autori a scuola, organizzare un banchetto culturale durante la fiera scolastica, o organizzare visite presso i vicini negozi, centri culturali o musei dove la lingua viene parlata. I genitori possono impegnarsi sempre più nella biblioteca scolastica donando libri o gestendo l'inventario, la manutenzione, il prestito, le restituzioni, e le selezioni. Anche piccoli lavori a scuola come ad esempio l'applicazione di piccole insegne multilingue nei corridoi, o la preparazione di pasti o laboratori per gli studenti nel doposcuola possono essere un grande vantaggio per la classe bilingue. Attività estive possono essere organizzate in modo da prevenire la perdita accademica degli studenti; sport, musica, teatro e attività manuali, per citarne alcune, possono essere eseguite nella lingua di destinazione. Questo tipo di attività sono quelle che alla fine rendono il processo di apprendimento veramente divertente e interessante per gli studenti del programma bilingue.

Infine, un altro modo di sostenere la scuola bilingue paritaria è di impegnarsi nella raccolta di fondi. In un contesto bilingue, è importante considerare che la filantropia potrebbe non essere compresa in senso largo o perfino praticata da alcune comunità linguistiche. Questo non significa che una particolare comunità non sia generosa e magnanima, ma che abbia una diversa interpretazione di cosa sia la filantropia e cosa sia accettabile chiedere o ricevere. Perciò motivare i genitori e invitarli a contribuire alle raccolte di fondi dovrebbe essere pianificato tenendo in considerazione la diversa idea del "donare" da parte della comunità. C'è chi può sentirsi a proprio agio nello staccare un assegno o donare contanti per aiutare una certa iniziativa, o la scuola in generale. Altri possono fare appello alla propria rete di conoscenze personali o di lavoro. È probabile che altri preferiscano donare il loro tempo per cercare ulteriori fondi e riflettere su come ottenerli.

Uno dei metodi più efficaci per fare colletta, che viene attualmente utilizzato dai leader dei programmi bilingue paritari è la propria organizzazione non profit, creata dai genitori come entità legale. Questo permette di attirare fondi anche al di fuori dai parametri scolastici.[xii] Questo metodo può essere particolarmente efficace quando una scuola non è nella situazione di poter autorizzare collette, o non vuole essere ritenuta responsabile di fronte al distretto scolastico per le attività di un gruppo di sostegno non scolastico. I genitori possono dunque donare denaro alla scuola tramite iniziative non profit, aventi lo scopo di comprare nuovi libri, coprire il costo di una gita o anche mandare un insegnante ad una conferenza. Questa azione collettiva ha il potere di suscitare l'interesse di quei genitori una volta che sanno di aver contribuito a qualcosa di concreto.[xiii]

Alcuni genitori vanno ben oltre e decidono perfino di diventare loro stessi insegnanti bilingue. A New York, molti genitori hanno deciso di tornare a scuola per ottenere la laurea in istruzione bilingue perché è un tema da loro particolarmente sentito e al quale vogliono impegnarsi. Questo tipo di impegno personale può garantire la longevità dei programmi e sottolineare l'assoluta devozione alla causa dei programmi bilingue paritari, tipica di molti genitori. I genitori sono il vento dietro le vele di ogni programma bilingue—dalla sua creazione alla sua realizzazione a lungo termine. In tutto il mondo, i genitori si impegnano per operare una trasformazione nelle proprie comunità e creare i programmi bilingue da cui i bambini trarranno vantaggio per il resto della loro vita. Se i genitori fanno valere la loro autorità, la Rivoluzione bilingue arriverà più lontano di quanto possiamo prevedere.

CAPITOLO 2

Cambio di scena: arriva a Brooklyn il primo programma in lingua giapponese

Dopo aver sentito parlare di molti programmi bilingue nelle scuole pubbliche di New York e Los Angeles, cinque madri di Brooklyn decisero che le loro aspirazioni non erano da meno. In assenza di simili programmi nel quartiere, le cinque madri colsero la sfida al volo per creare un programma bilingue giapponese partendo da zero: sarebbe stato il primo di questo tipo nella città di New York. Le cinque madri erano la giapponese Yumi Mik, la svizzera-giapponese Monica Muller, la coreana-americana Hee Jin Kan, la taiwanese-americana Yuli Fisher e la cinese-americana Lanny Cheuk. Yumi e Monica erano le sole due nel gruppo che sapevano parlare giapponese correntemente; le altre tre avevano scarsa (o nessuna) conoscenza del giapponese, né avevano legami speciali con la cultura giapponese in genere o con il Giappone. Si erano incontrate attraverso una rete di appuntamenti ludici estivi per bambini, chiamata Summer Hai, sottogruppo di un rinomato circolo di genitori di New York chiamata Brooklyn Baby Hui. Attraverso questo gruppo estivo, queste madri organizzavano regolari incontri ludici per i loro bambini ai parchi vicini. Diventarono presto amiche e iniziarono a parlare di scuole. Avevano saputo di uno stimato programma bilingue francese creato in una vicina scuola pubblica, e iniziarono a sognare un programma simile in giapponese. Partendo da conversazioni fra amiche, al parco-giochi, il gruppo iniziò a sviluppare un'idea che avrebbe portato alla creazione del programma dei loro sogni.

Fortunatamente, le mamme condividevano molte idee sull'istruzione bilingue. Loro credevano che l'esposizione ad altre lingue durante l'infanzia fosse importante e comprendevano i vantaggi potenziali e i benefici accademici di un efficace programma bilingue. Ma soprattutto, condividevano lo stesso desiderio di cambiare la scena scolastica, come una delle madri stessa descrisse con parole alquanto convincenti:

Credevamo che sarebbe stato più facile creare il nostro programma per far migliorare un'altra scuola nel distretto. La ragione per cui molti genitori di New York trovano così stressante l'inserimento scolastico alle classi K e pre-K è dovuta all'enorme disparità fra le scuole buone e quelle meno buone. Abbiamo visto il programma bilingue come l'opportunità per migliorare la scuola e la comunità, per portare un'istruzione migliore a più bambini, e per fornire un'istruzione bilingue ai nostri figli. Volevamo cambiare la scena fra Core Curriculum, No Child Left Behind, e tutte le verifiche che venivano usate per valutare gli insegnanti e le scuole. Ho pensato, "Che cosa posso fare, come individuo, per superare tutto questo e fornire a mio figlio un'istruzione che io reputo migliore?"[xiv]

Con questo obiettivo in mente, il gruppo si mise in contatto con coloro che avevano sperimentato la creazione di programmi simili, incluso il sottoscritto. Insieme, lavorarono instancabilmente, seguirono e adeguarono la strategia—una versione sintetizzata di quella presentata in questo libro—alle esigenze del proprio programma. Durante i lavori, riconobbero il loro ruolo da 'pionieri' e capirono che per avere successo avrebbero dovuto convincere la comunità giapponese, la comunità scolastica e i suoi leader, dei meriti della loro impresa.

L'identificazione di un modello

Il nuovo comitato per il programma bilingue giapponese iniziò ad esplorare i programmi esistenti e a ricercare modelli efficaci. Due scuole pubbliche vennero velocemente identificate a Glendale, in California, nella zona di Los Angeles, che avevano offerto programmi bilingue paritari in giapponese e inglese sin dal 2010.[xv] Il programma di Glendale fu iniziato da un gruppo di genitori che avevano raccolto firme con le quali si presentarono al distretto scolastico per richiedere l'introduzione di un curriculum bilingue. Una volta approvato, il programma venne inaugurato con una prima classe e due classi di scuola materna (k). A Glendale, il giapponese viene insegnato per metà giornata e l'inglese per il resto della giornata, da una commissione di due insegnanti. Questo è il cosiddetto "modello affiancato". Il 40% circa della popolazione scolastica parla giapponese con scioltezza quando la scuola inizia. Alcuni bambini hanno genitori giapponesi, alcuni sono giapponesi-americani, e alcuni non hanno alcuna formazione in giapponese, ma hanno genitori che sono molto interessati alla cultura giapponese, o che hanno studiato giapponese all'università. Quando le probabili future famiglie visitano la scuola, gli amministratori si accertano che i genitori siano davvero interessati al giapponese, in quanto è a loro che viene richiesta la frequenza dei figli all'intero programma, per sette anni, dalla classe K alla sesta (l'equivalente della prima media in Italia). In effetti, si può facilmente immaginare quanto sia difficile per una scuola sostituire bambini che all'improvviso abbandonano il programma bilingue dopo avervi trascorso qualche anno. Questo è in linea di massima dovuto al fatto che i bambini che subentrano in classe, successivamente devono avere già un buon comando di entrambe le lingue, per essere alla pari con gli altri bambini che hanno iniziato il programma bilingue a scuola.

Il programma giapponese di Glendale insegna la lettura e la scrittura in giapponese immediatamente, usando caratteri hiragana nella classe K e aggiungendo katakana e caratteri cinesi in prima. Sebbene intensivo e rapido, il programma lascia spazio ad attività ludiche e l'uso della tecnologia (per esempio, le lavagne elettroniche). È importante ricordare che gli studenti iscritti al programma hanno raggiunto alti livelli accademici. Cinque anni dopo il lancio del programma, la scuola analizzò i risultati dei test di inglese. Dai dati interni, la scuola fu in grado di provare che dopo cinque anni di programma, gli studenti bilingue avevano realizzato risultati migliori di quelli dei programmi monolingue di inglese.[xvi]

Il personale docente della scuola di lingua giapponese è composto da giapponesi nativi, alcuni giapponesi-americani e una insegnante con esperienza di lavoro in Giappone, sposata ad un giapponese. Il personale monolingue anglofono insegna in inglese tutto il giorno alternando due gruppi di studenti per volta. Gli insegnanti anglofoni non hanno bisogno di capire il giapponese, il che costringe gli studenti a rivolgersi loro solo in inglese. Il contrario è vero per gli insegnanti di lingua giapponese. Un vantaggio del modello affiancato è che riduce il numero di insegnanti di L2 necessari. Questo aiuta a gestire il difficile compito della ricerca degli insegnanti che parlano giapponese, che hanno i titoli necessari per insegnare in California e il permesso di lavoro valido per gli Stati Uniti. Inoltre, la scuola ha impiegato alcuni consulenti e professori universitari per facilitare il lancio del programma. Tutti questi punti vennero presi in considerazione dal consiglio dei docenti e genitori della scuola (School Leadership Team), che insieme collaborarono efficacemente.

Brooklyn: la creazione del programma

Le nostre cinque mamme di Brooklyn hanno usato gli importanti risultati di Glendale per rafforzare la loro presa di posizione pro-bilinguismo e costruire la loro strategia. Inoltre, fecero ricerca fra la comunità giapponese di New York per avere una migliore idea di quali genitori sarebbero stati interessati al programma. Yumi e Monica divennero le intermediarie all'interno della comunità giapponese. Furono subito in grado di far leva sulle conoscenze madrelingua giapponesi per poi trovare un maggiore numero di famiglie interessate al programma. Questa mossa fu fondamentale in quanto la presenza di massa critica rappresentata da genitori interessati e studenti aventi diritto al programma è uno dei modi più efficaci di convincere i presidi del bisogno di un programma bilingue parificato.

Con tabelle alla mano, Yumi e Monica andarono di porta in porta ad incontrare le organizzazioni culturali giapponesi per informarle del programma. Visitarono l'Associazione delle Famiglie Giapponesi Americane di Brooklyn, una organizzazione non-profit che sponsorizza le attività culturali di Brooklyn e offre programmi nei fine settimana e nel doposcuola, e Aozora Gakuen, una scuola progressiva con un programma ibrido rivolto alle famiglie giapponesi interessate a vivere in America. Il gruppo contattò anche il Consolato Giapponese di New York e la Japan Society, una organizzazione non statale, con missione principalmente culturale e educativa.[xvii]

Diversità e azione

Il gruppo sostenitore del programma scoprì presto che le diverse scuole private giapponesi esistenti a New York tendevano a servire bambini figli di giapponesi che lavoravano a New York prima di tornare in Giappone. Queste scuole erano strutturate come le scuole in Giappone, in modo tale che i figli degli espatriati potessero mantenere la loro lingua e fossero pronti al re-inserimento nel sistema scolastico giapponese una volta rientrati in Giappone. Poiché questa struttura esisteva già a New York, molte famiglie espatriate non considerarono necessario un programma bilingue nella scuola pubblica per diversi motivi—il più importante dei quali era che i programmi bilingue non soddisfacevano i requisiti delle scuole giapponesi né le loro aspettative educative per i loro figli.

Conseguentemente, il gruppo iniziò a contattare quei genitori che stavano prendendo in considerazione un soggiorno più prolungato negli Stati Uniti e che ritenevano importante che i loro bambini sviluppassero competenze linguistiche in inglese. Puntarono anche sulle famiglie multietniche, soprattutto quelle con un genitore giapponese e un genitore americano. Queste famiglie erano entusiaste all'idea che i loro figli mantenessero un legame bilingue e bi-culturale con entrambi i paesi.[xviii] L'idea che gli studenti di una sezione bilingue potessero mantenere una lingua e apprenderne un'altra allo stesso tempo era, per i genitori giapponesi, piuttosto attraente.

I sondaggi fra la comunità fecero affiorare alcuni timori che i genitori avevano della scuola pubblica, inclusa la generale qualità dell'istruzione pubblica a New York, i pasti serviti a scuola, la paura che i bambini dei programmi bilingue potessero sviluppare un accento in inglese o in giapponese. Durante questa iniziale fase di ricerca, il gruppo a sostegno del programma bilingue giapponese apprese che alcune scuole private iniziavano a temere che il programma bilingue pubblico potesse attirare i propri insegnanti.[xix]

Il gruppo scoprì che quando i genitori immigrati non avevano pianificato il loro rientro al paese d'origine in tempi brevi, tendevano a cercare una scuola di alto livello con una solida e comprovata eccellenza accademica tale da fornire fondamenta educative per il futuro dei propri figli. Conseguentemente, il gruppo scoprì che certi genitori guardavano con scetticismo il programma bilingue pubblico in quanto di recente creazione. Questa idea spinse il gruppo ad investire le proprie energie per ottenere il sostegno dei genitori incerti.

Divenne importante trovare di continuo nuovi genitori in modo da poter comunicare su scala maggiore. Internet venne usato per raccogliere dati attraverso sondaggi online e per dare informazioni in modo da mantenere le famiglie aggiornate sul progresso dell'iniziativa. Un blog venne creato per i seguenti obiettivi:

> *Il nostro blog fu creato per trovare altre persone interessate, oltre che per ufficializzare l'iniziativa. Lo abbiamo usato per pubblicare la nostra strategia e gli articoli sui benefici del bilinguismo, cercando di rendere più chiaro il nostro programma. Nessuno di noi aveva pubblicato un blog prima, abbiamo capito come fare sul momento. Abbiamo provato ad inserire una barra per la navigazione su un lato, con i seguenti punti principali: chi siamo, come abbiamo iniziato, le nostre ragioni, la descrizione della situazione della scuola e di quello che ci auguriamo sarà il nostro programma. Si possono anche leggere gli ultimi aggiornamenti.*[xx]

La comunicazione di massa recò grande pubblicità all'iniziativa, attirando l'attenzione dei media in lingua giapponese a New York e in Giappone. Partito grazie al piano di cinque madri, il gruppo riuscì ad interessare una comunità di famiglie con un numero di bambini sufficiente per creare una classe un anno prima delle previsioni. Molte richieste arrivarono da famiglie i cui bambini erano già a scuola, deluse dal fatto che i loro bambini fossero troppo grandi per potersi unire al programma che avrebbe iniziato con la classe K.

Alla ricerca della scuola pubblica giusta

Contemporaneamente, il gruppo iniziò a visitare scuole e a cercare un'amministrazione con una visione curricolare simile alla loro. Le cinque madri visitarono le scuole, recandovisi previo appuntamento. Lanny guidava le visite in quanto aveva una maggiore esperienza di lavoro con le scuole:

> *Grazie a Lanny che, da educatrice conosce il Ministero dell'Istruzione—grazie al suo lavoro di insegnante—è stato fondamentale. Quando visitavamo la scuola, lei sapeva che domande porre, cosa cercare nel curriculum, come valutare l'interazione tra gli insegnanti e gli studenti, quale era la filosofia amministrativa e come funzionava l'amministrazione. Questo è stato di grande aiuto per noi. Non saremmo andate così lontano senza la sua conoscenza.*[xxi]

Il gruppo trovò presto una scuola di loro gradimento, ubicata abbastanza vicina ai loro domicili. Le loro conversazioni con i presidi contribuirono a raffinare le loro scelte arrivando a due scuole nella zona nord di Brooklyn, e, infine, ad una a Bushwick: PS147.

Dopo aver trovato la scuola, il gruppo si mise immediatamente a lavorare sulla programmazione insieme agli amministratori. Una preoccupazione iniziale dei genitori interessati al programma bilingue giapponese, soprattutto delle famiglie giapponesi, era la paura di essere discriminati. All'inizio, volevano che i loro bambini stessero tutti nella stessa classe. Tuttavia, le cinque madri replicarono in maniera persuasiva: non volevano che il programma bilingue giapponese venisse percepito come una classe elitaria e isolata. Con l'aiuto di alcuni consulenti, le madri, insieme al consiglio di istituto, svilupparono un piano per integrare la classe bilingue nella scuola, che prevedeva incontri regolari fra gli studenti del programma bilingue e il resto degli studenti, per partecipare a progetti comuni ogni settimana. Questa intensa programmazione teneva conto, per quanto possibile, che nessun bambino si sentisse isolato o privato dell'apprendimento che veniva a crearsi nel programma bilingue o nel programma generale.

Quando l'iniziativa iniziò a ricevere un forte sostegno prima del previsto, la volontà di iniziare il programma in fretta e furia comportò problemi tecnici con le procedure di iscrizione dall'ufficio centrale dell'Istruzione. Fu altresì difficile adattarsi al generale ritmo burocratico tipico del sistema scolastico pubblico, non sempre veloce come i genitori si aspettavano. Conseguentemente, l'iniziativa subì ritardi che ebbero un impatto sul numero delle famiglie, soprattutto quelle di lingua madre giapponese, che vivevano fuori dalla zona scolastica: la prima classe di K non iniziò con la perfetta composizione 50/50, ossia metà classe di lingua madre giapponese e metà anglofona, come anticipato. Questo divenne un grosso motivo di frustrazione per i membri fondatori, e minò la fiducia del gruppo. Alla fine, solo uno dei genitori fondatori del gruppo pro-bilinguismo decise di partecipare al programma. Gli altri declinarono per motivi personali o si trasferirono in un quartiere diverso.

Ciononostante, il preside della scuola PS147 Sandie Noyola, non lasciò perdere l'iniziativa. Invece, aprì il programma, nella speranza che le difficoltà burocratiche si dissipassero. Venne assunto un'insegnante di lingua madre giapponese con le giuste qualifiche e licenze, poi il programma partì. Una classe di scuola materna (pre-K) venne creata per attirare sia bambini madrelingua giapponesi che quelli le cui famiglie erano interessate al programma, fornendo linguaggio e contenuti culturali, il tutto potenziato dal sostegno della Japan Society. Con una base composta in ugual misura da genitori madrelingua giapponesi e anglofoni, iniziò a crearsi una base su cui costruire il programma.[xxii]

Un regalo per il futuro

Tutti i genitori indistintamente, a prescindere dalla loro esperienza, hanno sostenuto e promosso il programma giapponese a Brooklyn. Hanno lavorato senza sosta per crearsi una reputazione fra i genitori giapponesi e hanno loro stessi familiarizzato con il protocollo di iscrizione per aiutare le famiglie in arrivo ad iscriversi e a capire le regolamentazioni della ripartizione scolastica a zone. Hanno integrato il budget scolastico creando una associazione no-profit 501(c)(3)[xxiii] da cui l'intera scuola, sia all'interno del programma bilingue che fuori, trae beneficio. Tale impresa continua. I fondi generati grazie al lavoro dei genitori di PS147 hanno permesso alla scuola di investire nei propri studenti e nel curriculum, usando i fondi per l'acquisto dei libri, per coprire il costo delle gite, per aggiornare gli insegnanti e per sostenere i programmi culturali a scuola.[xxiv]

Il dono che le madri fondatrici hanno fatto alla società è incredibilmente importante, nonostante la maggior parte di loro non sia stato in grado di raccogliere i frutti del loro duro lavoro. In seguito ai loro sforzi, il primo programma bilingue paritario di giapponese-inglese a New York venne inaugurato a settembre 2015, alla scuola pubblica 147 della zona nord di Brooklyn. Come abbiamo visto, l'iniziativa affrontò prove difficili, dalla scelta della scuola all'iscrizione di un numero di bambini sufficiente in entrambe le lingue, alla ricerca di fondi e al lavoro per mantenere alto l'interesse anche di fronte alle grosse delusioni. Nonostante le battute d'arresto, lo spirito di squadra fu tale da far avanzare il programma. I loro scambi di idee, la visione condivisa, gli impegni individuali e gli sforzi collettivi furono fondamentali nella creazione di questo programma unico. La loro iniziativa continua a progredire mentre un nuovo ciclo di genitori e educatori promuove il programma nascente.

Inoltre, diversi genitori giapponesi a New York e altrove hanno saputo dell'iniziativa e si sono sentiti motivati a tal punto da iniziarne una loro stessi.

Questa passione e entusiasmo condivisi, il fatto che cinque madri siano riuscite a creare tale programma, hanno spinto altre comunità linguistiche ad unirsi al movimento per l'istruzione bilingue, come sottolineano le storie delle iniziative italiana, russa e tedesca. Questa è la storia della Rivoluzione bilingue per antonomasia. Dall'impegno e la visione di pochi può nascere un intero movimento che porta l'istruzione bilingue nelle scuole pubbliche.

CAPITOLO 3

L'invito alla comunità: tre tentativi per un programma di lingua italiana

Molte delle famiglie di recente immigrazione negli Stati Uniti sono più che aperte all'idea di gestire personalmente l'istruzione dei propri figli, a volte perfino a servire da esempio. Durante la loro ricerca, un gruppo di genitori italiani, di recente trasferitisi a New York, venne a conoscenza dei programmi bilingue che altre comunità linguistiche erano riuscite a creare a New York. È così che iniziò in questa città un lungo e talvolta arduo percorso verso l'inaugurazione di un programma italiano bilingue paritario. Questi genitori erano Martina Ferrari, Stefania Puxeddu, Piera Bonerba e Marcello Lucchetta. La loro storia illustra molte delle sfide e dei successi in cui le nuove iniziative possono imbattersi. Dopo non uno, non due, ma tre tentativi per creare un programma, la comunità italiana evidenzia l'importanza della determinazione dei genitori altamente impegnati nell'istruzione scolastica dei propri figli.

Gli italiani e gli italiani americani formano una delle più larghe e interconnesse comunità di New York. Secondo i risultati dei sondaggi nazionali (American Community Survey), nel 2014 a New York, 85.000 individui dai cinque anni d'età in poi parlano italiano a casa propria. Di questi, 30.000 dichiaravano di non parlare inglese molto bene. Oltre ai madrelingua nativi, ci sono anche molti italiani americani residenti a New York—soprattutto in alcune parti di Brooklyn come Bensonhurst, Bay Ridge e Carroll Gardens—che vogliono salvaguardare la propria cultura. Le cifre riportate negli anni dal

2014 in poi confermano che oltre 500.000 residenti nella città di New York dichiarano di avere origini italiane. Nonostante queste alte presenze, il gruppo di sostegno al programma bilingue italiano non aveva mai pensato che avrebbe facilmente raggiunto una massa critica di genitori interessati all'iniziativa.

La forza che spinge i nuovi espatriati globali

I giovani laureati italiani che creano il nucleo originario a sostegno del programma bilingue italiano sono arrivati negli Stati Uniti alla ricerca di opportunità di lavoro redditizie e un attraente cambio di dinamiche socio-lavorative. Come molti immigrati della prima generazione, hanno adottato velocemente lo stile di vita americano e presto sono diventati genitori. Il loro lavoro li mantiene in costante contatto con l'Italia e parlano italiano a casa. Questo gruppo di 'moderni' immigranti italiani visita spesso il paese d'origine con i figli per mantenere vivi i propri legami. Il Natale e le vacanze estive sono dei momenti importanti per riunirsi con i nonni, visitare i cugini e permettere ai figli di esporsi alla loro lingua madre e cultura.

Questo gruppo di genitori ha notato che pur facendo uso dell'italiano orale a casa, con gli anni, la lingua madre inizia a svanire. La ragione risiede nel fatto che si è immersi in un ambiente scolastico, composto da insegnanti e altri scolari anglofoni completamente monolingue, sia nella classe pre-k (scuola materna) che a livello scolastico. Inoltre, a casa, soprattutto se un genitore non è di madre lingua italiana, l'inglese tende ad essere parlato più frequentemente. Le famiglie si impegnano attivamente a parlare italiano a casa, come spiega Marcello:

Con i bambini più piccoli facciamo di tutto per esporli all'italiano, e leggiamo loro in italiano, facendo domande per capire se si ricordano il significato delle parole. I film e i cartoni animati li aiutano ad assorbire un po' della lingua. Qualche volta facciamo notare loro alcune differenze, come "Questa pasta la prepariamo così in Italia".

Proponiamo dei paragoni sui diversi modi di fare certe cose rispettivamente, qui a New York e in Italia.[xxv]

Le discussioni più complicate richiedono più tempo e pazienza da parte dei genitori, in quanto il vocabolario italiano dei loro bambini spesso non è sviluppato come quello inglese. Spesso i bambini hanno la tendenza a rispondere in inglese ad una domanda che è stata posta loro in italiano. C'è chi, fra i bambini, ha perfino sviluppato un forte accento americano quando parla italiano. Nonostante tutto, questi scrupolosi genitori italiani hanno fatto del loro meglio per mantenere il proprio patrimonio linguistico a casa. Nonostante i loro sforzi, si sono resi conto rapidamente che il loro metodo non sarebbe bastato a far sviluppare la padronanza della lingua ai propri bambini, e sono arrivati alla conclusione che un programma bilingue avrebbe fornito loro l'occasione per sentirsi a proprio agio con entrambe le lingue.

I genitori si rivolsero ad Ilaria Costa, direttore esecutivo dello IACE (Italian American Committee on Education), che a sua volta li mise in contatto con il vice Console Lucia Pasqualini e con Carlo Davoli, il direttore dell'istruzione al Consolato d'Italia. Questi contatti riuscirono a diffondere la notizia dell'iniziativa bilingue italiana a tutti gli italiani iscritti alle liste consolari. Lucia, inoltre, mise in contatto il gruppo con Jack Spatola, che aveva conosciuto durante le sue regolari visite a Bensonhurst a Brooklyn, roccaforte della comunità italiana-americana. Spatola è presidente della Federazione delle Organizzazioni italiane-americane (FIAO), una organizzazione senza scopo di lucro creata per offrire servizi alla comunità italiana e a quella dell'intera città di New York. Una volta creati i contatti, il gruppo fu pronto ad avviare il progetto bilingue e cercare famiglie interessate.

Quasi immediatamente, Lucia e Ilaria si impegnarono ad organizzare un incontro informativo al Consolato d'Italia. Locandine dell'evento vennero distribuite e annunci vennero fatti sui social-media, blog e attraverso il database consolare. A sorpresa di tutti, la comunità reagì in modo massiccio; centinaia di adesioni alla serata vennero ricevute. Una stanza in più con schermo a circuito chiuso venne predisposta, in modo da poter accomodare gli ospiti in più. Questo impressionante entusiasmo attirò l'attenzione dei media italiani, che portarono videocamere e reporter per documentare l'evento. Alla fine, la riunione attirò la partecipazione di oltre 200 persone. Le due sale del consolato erano al completo, e il solo posto rimasto era quello in piedi e nei corridoi per gli ultimi arrivi. Fu un momento di grande soddisfazione per l'iniziativa italiana.

La riunione di per sé consistette in quattro parti. Iniziò con una panoramica generale dei vantaggi del bilinguismo e dell'istruzione bilingue paritaria, presentata da Bahar Otcu, un professor turco-americano dell'istruzione bilingue a Mercy College, New York. Seguì un comitato di genitori francesi, giapponesi e russi che erano riusciti a creare i loro programmi bilingue che spiegarono cosa avevano fatto per suscitare l'interesse delle proprie comunità, per trovare le famiglie e per presentare la loro proposta alle scuole selezionate. Il pomeriggio continuò con un gruppo di educatori, inclusa Claudia Aguirre, che allora dirigeva l'ufficio degli studenti di inglese (English Language Learners), presso il dipartimento dell'Istruzione della città di New York, e del sottoscritto. Infine, l'ultimo gruppo di esperti lasciò la parola ai genitori che avevano contattato il consolato, così come a Jack Spatola che generosamente offrì la sua assistenza. Questa parte della discussione si concentrò sul lavoro del gruppo per coinvolgere altri genitori, e allo stesso tempo su come trasformare il generale entusiasmo in una strategia che portasse alla creazione di uno o più programmi bilingue nelle scuole pubbliche di Manhattan e Brooklyn. Il gruppo di genitori presentò il blog creato da loro attraverso il quale si poteva comunicare con le famiglie interessate, pubblicare informazioni e coordinare proposte scolastiche. Questo permise ai genitori di identificare la scuola giusta nella giusta area.

Mettere insieme un discreto numero di famiglie interessate è la cosa essenziale prima di chiedere al preside la propria opinione di un programma bilingue. Tuttavia, non si tratta dell'unica priorità. Il sostegno delle organizzazioni comunitarie esterne, diverse fonti finanziarie comprovabili, l'accesso a libri e alle risorse e, infine, le conoscenze fra gli insegnanti, sono fattori che devono essere presi in considerazione quando si pianifica un nuovo programma. Senza di essi, nessuna iniziativa non può decollare. Questo spiega il perché tre anni prima del suo lancio, una iniziativa simile guidata da una madre americana di origine italiana, Christina Prostano, fallì.

L'impegno e le tribolazioni delle iniziative dal basso

I trisavoli di Christina emigrarono dall'Italia in America nei primi anni del XX secolo, ma, la capacità della famiglia di parlare italiano svanì gradualmente con il susseguirsi delle nuove generazioni. Christina soffriva per quella perdita e sperava che i suoi figli imparassero l'italiano, anche se lei stessa sapeva solo poche parole. Provò allora a riempire quel vuoto nell'istruzione dei suoi figli iniziando con una pagina Facebook e un sondaggio per misurare l'interesse per l'italiano. Questa iniziativa attrasse circa 70 famiglie, sia di madrelingua inglese che italiana. Ciononostante, Christina non fu in grado di raggiungere i requisiti necessari per creare un programma bilingue, come ad esempio trovare la scuola che avesse il desiderio e i mezzi per iniziarlo, ottenere il sostegno e i finanziamenti delle organizzazioni italiane, e trovare gli insegnanti qualificati. Sfortunatamente, i suoi audaci sforzi a sostegno della creazione del programma bilingue paritario in italiano-inglese non ebbero successo, e l'iniziativa venne abbandonata.

Purtroppo anche il gruppo di Lucia e Ilaria affrontò ostacoli durante la ricerca della scuola e nel mantenere vivo l'interesse dei genitori coinvolti. Nonostante l'entusiasmo iniziale che furono in grado di suscitare, la loro iniziativa non si materializzò. La perdita dell'impegno delle famiglie verso l'inizio dell'anno scolastico e il mancato impegno da parte delle scuole pubbliche selezionate determinò la fine del programma. Il loro lavoro preliminare, comunque, aiutò a suscitare una nuova iniziativa a Bensonhurst, portata avanti da Jack Spatola e la Federazione delle Organizzazioni Italiane Americane (FIAO) di Brooklyn, per aprire la prima classe pre-k di italiano nel 2015. Sfortunatamente, questa particolare impresa arrivò troppo tardi per i bambini del gruppo iniziale composto da cinque genitori, troppo grandi per stare in una classe bilingue K. Quando il gruppo fondatore perde l'opportunità per cui aveva combattuto così a lungo, è sempre un momento di frustrazione per le famiglie coinvolte. Marcello descrive così la sua sconfitta:

> *Quello che avrei davvero voluto era avere le mie bambine nella scuola pubblica. Siamo qui per una ragione; c'è un valore. Il mio sogno era di avere un programma bilingue di italiano e inglese in una scuola pubblica. Non era solo una questione finanziaria, ma piuttosto sapere che c'erano altri bambini italiani americani come loro e famiglie americane che mandano i loro figli ad imparare un'altra lingua, che è la mia. Un sogno ad occhi aperti, forse, un po' visionario ma questo era il mio primo pensiero.*[xxvi]

Alcuni pensarono di rivolgersi alla vicina scuola privata a Manhattan, La Scuola d'Italia, anche se le alte rette scolastiche e il lungo viaggio—soprattutto per i residenti nella parte sud di Brooklyn—scoraggiò molti di loro. Altri impiegarono delle ragazze alla pari dall'Italia, anche se ciò richiedeva una stanza extra a casa e spesso, un continuo cambio annuale dell'impiego. Dei corsi furono anche organizzati di sabato per poter offrire alle famiglie una possibilità di esposizione alla lingua, alcuni con l'aiuto delle organizzazioni o del Consolato d'Italia. Nonostante tutto, e questo vale per ogni programma extra-scolastico, investire le energie in un programma del sabato, supplementare rispetto all'agenda settimanale, può diventare stancante per un bambino. Questi ostacoli—costi, tempo e stile di vita—illustrano quanto sia difficile mantenere il patrimonio linguistico fuori dalla classe all'interno del sistema di istruzione pubblica.

Il ruolo delle comunità culturali

Il lavoro del gruppo originario non fu vano. La loro visione alla fine diede i suoi frutti grazie all'aiuto di Jack Spatola, la cui esperienza e conoscenze nel sistema scolastico portarono alla creazione del primo programma bilingue italiano-inglese di New York. Invece di essere realizzata dagli italiani di recente immigrazione, l'iniziativa era ora nelle mani di italiani di seconda e terza generazione. Curiosamente, questo nuovo gruppo di famiglie aveva vissuto una situazione simile trenta o quaranta anni prima. Loro stessi avevano genitori che parlavano loro in italiano, mentre andavano alla scuola pubblica monolingue a New York. Portarono la testimonianza del danno linguistico che era avvenuto alla loro generazione, o a quella dei genitori, e furono piuttosto abili ad attivarsi per ribaltare il processo di perdita linguistica nella loro comunità.

In generale, i genitori e nonni delle generazioni italiane che migrarono negli Stati Uniti, arrivarono con poca o nessuna istruzione scolastica. Avevano una condizione sociale molto diversa dal gruppo di italiani di recente immigrazione, in quanto molti finirono per lavorare per disperata necessità invece che cercare il loro lavoro 'ideale'. Diversamente dall'attuale generazione di italiani a New York, quasi tutti bilingue, i loro predecessori parlavano un inglese rudimentale. Inoltre, l'italiano che parlavano non era tipicamente standard, ma era impregnato della memoria dei dialetti parlati nelle loro comunità, cristallizzatisi una volta arrivati negli Stati Uniti.

Gli italiani americani di oggi hanno la possibilità e il lusso di fare scelte informate sulla educazione dei propri figli. Molte famiglie del passato non hanno mantenuto l'italiano a casa, nonostante provenissero da generazioni di emigrati italiani. Ad ogni modo, il loro desiderio di sostenere il loro patrimonio linguistico è aumentato nel tempo. Jack Spatola spiega:

Secondo me, soprattutto all'interno della comunità italiana americana, i genitori danno importanza alla salvaguardia del proprio patrimonio linguistico e culturale. Osservo spesso questo fenomeno fra i giovani professionisti. Vedo il bisogno di coltivare la lingua e la cultura, bisogno che prima non esisteva.[xxvii]

Per questa nuova generazione, i programmi di lingua offerti nel dopo scuola o nel fine settimana non erano sufficienti a raggiungere gli obiettivi prefissati, per riconnettersi con le loro radici linguistiche e culturali e per crescere dei bambini bilingue. Jack me lo conferma:

> *Gli italiani americani, così come altre culture che si sono integrate negli Stati Uniti, hanno raggiunto un particolare livello di comprensione, di realizzazione, di sofisticazione, di valutazione delle loro radici. Forse a causa di una mentalità che li ha portati ad emularsi reciprocamente—"Gli altri lo fanno, perché noi no? Lo dovremmo fare anche noi!" -, o forse una vera e propria consapevolezza. Ma anche una comprensione dei meriti di una mente che ha sa pensare in due lingue per davvero.*

Questo entusiasmo per il bilinguismo e per i molti benefici cognitivi, professionali e sociali resi accessibili ai bambini nel corso della loro vita ha attirato l'attenzione della comunità italiana.[xxviii] Oltre a rinvigorire il patrimonio culturale e linguistico dei bambini, i programmi bilingue paritari conferiscono loro le competenze che serviranno per tutta la vita, aggiungendo un elemento personale al percorso per la ricerca di programmi bilingue della comunità italiana.

Il successo alla buonora

Nel 2015, con l'aiuto risoluto di Jack Spatola, la Federazione delle organizzazioni italiane americane di Brooklyn si accordò con la scuola PS112 di Bensonhurst per lanciare il primo programma bilingue paritario in italiano a New York City. Il gruppo promotore dell'iniziativa trovò come alleato sostenitore del progetto la preside della PS112, Louise Alfano. Quando l'inizio del programma venne annunciato, la scuola ricevette 270 richieste di iscrizione per soli 20 posti. Circa 140 dei bambini erano italiani americani, i cui genitori volevano salvaguardare la loro preziosa identità culturale che ebbe origine nelle generazioni precedenti; le richieste previste per l'anno successivo aumentarono. Per gli organizzatori fu illuminante vedere un tale numero di famiglie con bambini piccoli interessati al programma bilingue; da sempre erano consapevoli delle potenzialità, ma non avevano capito sino a che punto l'interesse comunitario arrivasse; fu l'iscrizione dei genitori che li convinse .[xxix] In una dichiarazione congiunta Jack Spatola e il presidente della Federazione Carlo Scissura dichiararono:

> *Il responso dei residenti è stato eccezionale e abbiamo ricevuto molte manifestazioni di interesse. Crediamo che portare i programmi bilingue paritari ad una comunità diversificata e vitale, in quanto aiuteranno a mantenere diverse culture e nel contempo a creare una migliore comprensione e maggiore rispetto nei confronti di altre comunità.[xxx]*

Divenne chiaro che, nonostante i falliti tentativi di creare un programma bilingue nel passato, la comunità era ora pronta a sostenere e ad accogliere l'iniziativa—con ampio spazio per lo sviluppo e la crescita di ulteriori nuovi programmi.

Come possiamo notare dalla storia italiana, non è sempre facile creare programmi dal basso. La loro storia getta luce sullo spiacevole fatto che i genitori qualche volta rimangono esclusi dalle opportunità che hanno contribuito a creare, semplicemente perché il programma non diventa realtà nei tempi utili ai propri figli. Nonostante tutto, la loro storia illustra anche l'importanza della perseveranza, dei legami comunitari e della resilienza delle comunità linguistiche e culturali. Questo non deve essere dimenticato.

Il desiderio di rinvigorire una comunità linguistica o culturale non dovrebbe essere sottovalutato, soprattutto all'interno del cosiddetto "melting pot" americano, che tiene insieme molte storie comunitarie uniche. Ci sono numerosi benefici multi-generazionali nella salvaguardia del patrimonio linguistico e culturale: dalla tutela della letteratura, della cultura e della storia, alla promozione di un senso di appartenenza, di orgoglio e di identità culturali. I programmi bilingue permettono agli studenti delle associazioni linguistiche di sviluppare nuove identità e competenze proprie, oltre che diventare ispiratori importanti di orgoglio comunitario. È bello vedere come questo programma bilingue sia stato finalizzato all'interno della comunità italiana americana di New York, con espressione di sostegno fra le centinaia di famiglie interessate. Come si suol dire, "Se all'inizio non ci riesci, prova, prova, prova ancora". Ogni giocatore in questa storia ha contribuito al successo del programma bilingue italiano—non importa quanto piccolo o grande il proprio ruolo sia stato, o se gli stessi giocatori siano stati in grado di completarlo. Alla fine, con molta perseveranza, le giuste conoscenze e un po' di fortuna, i programmi di istruzione bilingue possono e riusciranno a trasformare e rivitalizzare le nostre comunità.

CAPITOLO 4

Menti strategiche: la storia dell'iniziativa tedesca

Nell'estate del 2015, un gruppo di genitori di Kinderhaus, una scuola materna di lingua tedesca a Park Slope, Brooklyn, si trovò a discutere le opzioni elementari scolastiche. Ogni genitore nel gruppo sperava che i propri figli continuassero l'apprendimento sia del tedesco che dell'inglese. Qualcuno conosceva Sylvia Wellhöfer, una madre tedesca che viveva vicino e sperava di sviluppare il primo programma bilingue in tedesco. Dopo essersi conosciuti, Sylvia e i genitori di Kinderhaus si allearono, e Sylvia con l'aiuto dell'americana Celine Keshishian, madre di un bambino bilingue, presero in mano le redini. Per stimare l'interesse fra le famiglie in contatto con il gruppo, venne organizzato un evento per la promozione dell'iniziativa alcune settimane dopo. I leader del progetto furono nominati per contribuire alla ricerca della scuola e dei genitori, e un piano strategico venne creato. Il gruppo si creò presto degli alleati importanti, soprattutto Katja Wiesbrock-Donovan, a capo della sezione culturale del Consolato Tedesco a New York, e Andrea Pfeil, direttore del dipartimento di lingue del centro culturale tedesco Goethe Institut. Oltre alla loro esperienza, questi volontari aiutarono a pubblicizzare l'iniziativa attraverso la comunità tedesca dei cinque distretti di New York.

Radici tedesche in America

In seguito all'aumento del numero di famiglie tedesche a Brooklyn, la città ha riconosciuto il bisogno di includere il tedesco nel curriculum scolastico. La comunità germanofona di New York è larga e diversa, ed è composta da tedeschi, austriaci, svizzeri, belgi, alsaziani, lussemburghesi, italiani settentrionali e tedeschi americani. I tedeschi effettivamente rappresentano uno dei gruppi linguistici più larghi negli Stati Uniti e molti americani di origine tedesca hanno un legittimo interesse nel mantenere la propria lingua e cultura. Comunque, mantenere vivo questo patrimonio è stato storicamente una sfida per la comunità tedesca in America, a causa di molti preconcetti negativi e pregiudizi. Coloro che arrivarono negli Stati Uniti durante il periodo del dopoguerra si assimilarono alla cultura americana, probabilmente nascondendo il fatto di essere tedeschi madrelingua , soprattutto durante l'integrazione dei figli nell'ambiente scolastico. Questa voluta soppressione del tedesco e del sentimento anti-tedesco negli anni successivi al conflitto, influenzò il modo in cui la lingua tedesca era vista e mantenuta negli Stati Uniti, compresa la città di New York. Per fortuna, con il tempo, questa visione si è quasi completamente dissipata e gli atteggiamenti sono cambiati.

L'attuale desiderio di mantenere la cultura tedesca negli Stati Uniti arriva in parte dai club tedeschi e dalle società che, dal Queens e Long Island, sino a Philadelphia e Connecticut, rimangono tutt'oggi attivi. Questi gruppi organizzano eventi frequentati da tedeschi di terza e quarta generazione. Ad esempio, Deutscher Verein—il secondo più antico club sociale, tuttora esistente a New York—fu fondato nel 1842, e, inizialmente, solamente gli imprenditori potevano accedervi. Annovera soci illustri come Frederick August Otto (FAO) Schwartz, Emile Pfizer e i fratelli Steinway. Sebbene i soci non sempre comunichino in tedesco, partecipano attivamente al sostegno del proprio patrimonio culturale.

La cultura tedesca a New York è attualmente visibile solo in alcuni esercizi pubblici, come ad esempio la macelleria Schaller&Weber, il ristorante Heidelberg o l'ostello della gioventù Kolping House. Saint Paul, una chiesa evangelica luterana da 175 anni a Chelsea offre servizi in tedesco e continua ad accogliere giovani famiglie nella sua congregazione. Anche la sfilata Steuben Parade sulla Quinta Strada (5th Avenue), dove centinaia di tedeschi americani cantano canzoni e si vestono in costume tradizionale ogni anno, incarna le celebrazioni della cultura tedesca a New York. Nonostante i recenti immigrati tedeschi non sempre si riconoscano in queste tradizioni, nessuno di loro nega il ruolo che giocano i partecipanti alla sfilata nel tessuto sociale tedesco americano di New York. La cultura tedesca a new York va attualmente incontro ad un processo di rinascita, soprattutto nei ristoranti, dove le generazioni giovani hanno aperto dozzine di attività a tema tedesco negli ultimi dieci anni.

Coloro che sono arrivati di recente dalla Germania, molti dei quali per motivi di carriera negli Stati Uniti, sono ugualmente interessati a mantenere la loro lingua e cultura. Diverse famiglie espatriate, che non pensavano di rimanere negli Stati Uniti per molto tempo, iniziarono a prendere in considerazione il prolungamento del loro soggiorno, una volta che seppero dell'iniziativa bilingue, in quanto consideravano le scuole pubbliche locali una eccellente alternativa alle scuole private tedesche. Questo gruppo di nuovi immigranti rappresenta una importante parte del panorama germanofono di New York, insieme all'esistente comunità tedesca.

Ci sono esempi interessanti di organizzazioni che uniscono questi due gruppi all'interno della comunità tedesca di New York. City Kinder, ad esempio, è una comunità multi-generazionale germanofona presente in rete, che organizza una annuale caccia al tesoro pasquale, picnic estivi, la sfilata Steuben Parade, e l'autunno al parco, un evento dove le famiglie si riuniscono per far volare gli aquiloni, per mangiare le mele cotte al grill, fare lavori manuali autunnali e leggere storie. Il più grande evento è la passeggiata con le lanterne il giorno di San Martino, quando i bambini fanno le lanterne a mano e camminano a Prospect Park, cantando filastrocche tradizionali tedesche sino a quando incontrano San Martino a cavallo. In qualche modo, questa organizzazione ha messo insieme la comunità tedesca a New York, inclusi i centri culturali tedeschi, le chiese, e le scuole che la utilizzano come sede per promuovere le proprie attività e per conoscere le famiglie più giovani. Inoltre, ha giocato un ruolo criticamente importante nel promuovere l'iniziativa bilingue tedesca, collegando famiglie di vari ambienti culturali e linguistici ad un progetto che aveva le potenzialità di servire la comunità. [xxxi]

L'iniziativa del programma bilingue tedesco finì per comprendere un gruppo multiculturale, multilingue e multinazionale. Come lo stesso distretto di Brooklyn dove vivevano, queste famiglie rappresentavano un vasto assortimento di etnie, professioni e interessi, dagli imprenditori e manager agli artisti e studenti. Qualche famiglia era americana monolingue inglese. Qualcuna aveva antenati immigranti— inclusi quelli che vennero a rifarsi una vita negli Stati Uniti, così come quelli che alla fine decisero di restare. Spesso, le famiglie del gruppo bilingue tedesco parlavano inglese a casa, a prescindere dalla lingua natia. Ognuno proveniva da diverse situazioni religiose e socioeconomiche. Questa diversità contribuì alla forza del programma bilingue tedesco.

In azione

Il tentativo per definire una strategia iniziale fu, per il gruppo sostenitore del programma bilingue tedesco, un importante fattore di successo. Il comitato usò un approccio costituito da tappe fondamentali, ponendo scadenze e obiettivi per far progredire il progetto gradualmente. Ad esempio, si convenne che una scuola dovesse essere scelta entro dicembre per avere tempo sufficiente per registrare gli studenti entro il mese di settembre dell'anno successivo. Inoltre, il comitato a cui era affidato il compito di cercare le famiglie dovette lavorare senza sosta per proporre il programma, in quanto non tutte le scuole contattate erano propense all'idea o comprendevano i benefici dell'istruzione bilingue. Per alcuni leader scolastici, questo era una vera sfida, in quanto li costringeva ad allontanarsi dalla sicurezza del loro ambiente.

Nonostante tutto, il gruppo continuò a sussistere, documentando il lavoro che sarebbe stato poi presentato ai genitori. Sylvia Wellhöfer descrive i primi passi fatti dal suo gruppo:

Inizialmente, abbiamo seguito la strategia della comunità francese, adattandola ove necessario. Non abbiamo definito un distretto nella fase iniziale e non ci siamo concentrati sulle istituzioni nello stesso modo che abbiamo impiegato con le famiglie. Ci siamo invece dedicati alla creazione di un database che ci permettesse di sostenere il nostro caso e determinare il numero di studenti con l'inglese come seconda lingua (ELL). Il nostro database includeva informazioni personali, a cui solo poche persone avevano accesso. Questo fu molto utile. Dopo l'incontro iniziale, abbiamo creato tre gruppi di genitori e abbiamo contattato le scuole e coloro che avrebbero preso decisioni nel distretto. Abbiamo compilato tutti i dati in un documento condiviso per essere in grado di confrontare le scuole e tenerci informati.[xxxii]

L'obiettivo del gruppo era di trovare quindici bambini di madrelingua tedesca e quindici bambini non germanofoni; poi, di presentare il caso alle autorità scolastiche. Per soddisfare i requisiti della città di New York, era anche necessario determinare il numero di bambini non anglofoni per zona scolastica, adatti al profilo del programma. La diversità delle famiglie interessate alla loro iniziativa era una risorsa significativa per raggiungere i propri obiettivi, in quanto i bambini e i genitori avevano vari livelli di esposizione all'inglese e al tedesco.

Dall'inizio, il gruppo sostenitore del programma tedesco comunicò regolarmente con tutte le parti coinvolte e sviluppò una strategia per trovare i genitori che si erano impegnati ad iscrivere i propri figli al programma. Per trovare una scuola adatta, il gruppo diresse il proprio interesse su tre distretti vicini a Brooklyn e formò tre gruppi di lavoro che analizzavano ogni distretto e sviluppavano nuovi suggerimenti pensati per ogni comunità, sulla base dei dati che avevano raccolto. Sebbene il gruppo sperasse di stabilire molteplici programmi a lungo termine in varie zone, non voleva compromettere la loro iniziativa o usare male il tempo e l'energia dei propri volontari, cercando di muoversi in diverse direzioni nello stesso momento.

Con un obiettivo temporale in mente, il gruppo alla ricerca della scuola dovette decidere come concentrare le energie collettive, sulla base di fattori importanti come il livello di sostegno fornito dall'amministrazione scolastica e la disponibilità dello spazio nell'edificio. La scuola prescelta doveva essere facilmente accessibile e preparata a gestire le molte sfide che intrinsecamente arrivavano con l'apertura del programma. Le nuove famiglie sono spesso disposte a rendersi volontarie, aiutare nella biblioteca, compilare moduli per i finanziamenti o acquisire risorse extra per la classe. La crescita della popolazione scolastica che di solito segue l'introduzione del programma bilingue garantisce anche i fondi del comune e del ministero dell'istruzione americano. Questi fattori, insieme alla ricettività dell'amministrazione all'idea di un programma bilingue a scuola, hanno formato il processo di decisione del gruppo sostenitore dell'iniziativa bilingue tedesca.

Una strategia efficiente ed organizzata

Per i fondatori del programma tedesco bilingue era importante essere chiari e franchi sulla strategia da adottare. Cinque scuole private di tedesco a New York esistevano già prima che iniziasse la loro iniziativa, tre delle quali con base a Brooklyn. I leader del programma bilingue di tedesco non volevano competere con queste istituzioni o creare una situazione tale da far sembrare il progetto bilingue pubblico una minaccia. Il gruppo credeva fortemente nel bisogno di una diversità di programmi all'interno della comunità e vide il loro impegno per il programma bilingue nella scuola pubblica come complementare a ciò che le scuole private già offrivano. Il gruppo fu molto attento a non amplificare tensioni inutili in una iniziativa così laboriosa. In ascolto dei bisogni delle famiglie individuali, suggerirono l'opzione della scuola privata primaria ai genitori che potevano permettersela. Questa collaborazione e il sostegno dei programmi scolastici privati garantì che il programma bilingue della scuola pubblica diventasse una gradita aggiunta alla comunità.

Il nostro gruppo sapeva che era necessario costruire la fiducia e mantenere una vasta rete di contatti pur rimanendo consistenti con la loro strategia, seguendo suggerimenti e assicurando che le richieste individuali dei genitori venissero prese in considerazione. Sylvia Wellhöfer spiega:

> *Sono molto concentrata sull'intero processo. Sono sicura che esistono altri modi, ma l'ho sempre interpretato come la creazione di una società o un'organizzazione non profit senza fondi. Abbiamo creato una pagina Facebook e disegnato un logo e un sito web. Quando era importante, ho mandato messaggi di posta elettronica di approfondimento, seguiti da delle telefonate. Abbiamo parlato del programma bilingue tedesco via CityKinder, una piattaforma tedesca sul web, attraverso il bollettino del Consolato di Germania e attraverso quello del Goethe Institute. Abbiamo anche appeso poster e provato a passar parola ai parco-giochi o alle funzioni alle quali abbiamo partecipato.* [xxxiii]

I genitori hanno regolarmente partecipato agli eventi aperti a tutti, si sono incontrati per un caffè e ne hanno parlato al parco giochi. Il flusso di informazioni era costante. Gli accordi che il gruppo ha costruito hanno anche rinforzato la credibilità dell'iniziativa e la sua efficacia. Il Goethe Institut, ad esempio, ha offerto i materiali per la classe e si è rivolto alla sua rete di insegnanti per le risorse, lo sviluppo del curriculum e la selezione degli insegnanti. Vennero creati dei rapporti con scuole che avevano programmi consolidati—simili ai programmi francesi alla PS110—in modo da trasmettere quanto di utile era stato fatto da loro per poter iniziare il programma.

Quando arriva il momento della delusione

Grazie ai dati che erano stati in grado di compilare e la chiara comunicazione, il gruppo sostenitore del programma bilingue tedesco fu in grado di ottenere un accordo dalla scuola PS17 di Brooklyn. Il nostro organizzatissimo gruppo di genitori cercò quindi famiglie che avrebbero iniziato contemporaneamente la classe K (scuola materna) in vari distretti scolastici a Brooklyn e nel Queens. Sfortunatamente, qualche settimana prima dell'inizio dell'anno scolastico, era diventato chiaro che troppe famiglie si erano ritirate, ignorando la scadenza di settembre. L'iniziativa bilingue tedesca a PS17 non divenne realtà in seguito alla riluttanza da parte dell'amministrazione scolastica, così come agli insormontabili ostacoli amministrativi. In questo caso, così come in altre storie descritte in questo libro, è importante assicurare l'impegno da parte dei genitori e fare in modo che rimangano interessati all'iniziativa bilingue. È ugualmente molto importante che i leader del gruppo continuino con ostinazione a trovare una scuola, cosa che questo gruppo fece.

Con un sostegno forte del sovrintendente del distretto, la squadra bilingue tedesca e i leader scolastici analizzarono diverse nuove opzioni per iniziare un programma bilingue tedesco. Così si arrivò alla costituzione di un programma doposcuola di arricchimento culturale in tedesco per la classe pre-k e per le classi k nella vicina PS18, offrendo così l'opportunità di incorporare il contenuto in tedesco al curriculum, e mantenendo un legame con la lingua e cultura tedesca a scuola. È merito loro, se con il loro sostegno al programma bilingue tedesco vennero create le basi per il programma bilingue tedesco a PS18. Rimanendo coerenti con la propria missione di portare il bilinguismo in tedesco /inglese nelle scuole pubbliche di New York, la perseveranza del gruppo è certamente esemplare e rappresenta un segnale positivo per il futuro.

I genitori coinvolti nell'iniziativa formarono un gruppo ben organizzato che disegnò una strategia degna di nota per trovare scuole e famiglie, e mantenne chiara la comunicazione fra le parti. Erano aperti ad attirare madrelingua non tedeschi nel gruppo ed erano attenti a lavorare con scuole private e organizzazioni culturali come soci, non come rivali. Nonostante la demoralizzazione delle diverse famiglie quando il programma fu rimandato, è stato ottenuto molto fino ad ora e si continua a sperare in molti altri programmi bilingue tedeschi a New York. Seguendo un tracciato ben strutturato, i genitori hanno completato il lavoro preparatorio per la rivoluzione tedesca bilingue.

CAPITOLO 5

Il racconto di due distretti: il russo a Harlem e Brooklyn

Un evento organizzato alla Columbia University fu il momento culminante per l'iniziativa a sostegno del programma bilingue russo, portato avanti dalle madri Julia Stoyanovich e Olga Ilyashenko. L'incontro riunì insieme una varietà impressionante di sostenitori, incluso Tim Frye, professore americano del dipartimento di studi europei, che parla russo, Maria Kot, natia russa che ha aiutato il recupero e lo sviluppo dei programmi bilingue russi a Brooklyn e infine Tatyana Kleyn, professore di istruzione bilingue al City College di New York, che arrivò negli Stati Uniti da bambina, madrelingua russa, proveniente dalla Lettonia e dovette reimparare il russo da adulta. La riunione incluse importanti rappresentanti dello stato e del comune di New York, come Luis Reyes del Consiglio di Facoltà dello stato di New York e Milady Baez, la vice Provveditore agli Studi dello stato di New York, insieme a presidi, insegnanti, rappresentanti delle organizzazioni culturali, stampa e genitori. Questa riunione fu solo una minuta dimostrazione dell'incredibile impegno adoperato per portare un programma bilingue russo nella zona nordoccidentale di Manhattan (Upper West Side). Fra alti e bassi, gruppi successivi di genitori provarono a convincere le autorità scolastiche che un programma russo era necessario. Di fronte ai continui ostacoli, questo appello unificò un gruppo variegato di individui con diverse aspettative.

Una comunità linguistica
dalle vedute globali

Non tutti gli individui che intervennero venivano dalla Russia. Infatti, solo pochi di loro erano russi. Molti vivevano a New York ma erano cresciuti parlando russo a casa. Altri provenivano da quelle che erano un tempo repubbliche dell'Unione Sovietica o di altri paesi europei. Quando fu chiesto loro quali altre lingue parlassero, le famiglie a sostegno del programma bilingue risposero: italiano, greco, ucraino, tataro, armeno, spagnolo, francese, tedesco, ebraico, ungherese, serbo e urdu, oltre che russo e inglese. Il gruppo chiamato a raccolta rappresentava 125 famiglie con 160 bambini nati fra il 2011 e il 2016, approssimativamente trenta-quaranta bambini per ogni anno di nascita, che sarebbero presto entrati nelle classi del pre-k o k. Molti genitori erano nativi o parlavano la lingua madre, mentre alcuni parlavano poco o niente russo. Secondo i dati degli organizzatori, circa metà dei bambini i cui genitori erano interessati parlavano russo a casa; un quarto parlava inglese e russo in modo paritario, un altro quarto non parlava russo, inclusi gli studenti monolingue inglesi. Il gruppo rappresentato da questa iniziativa era, come le madri affermarono magnificamente, diverso così come le città in cui avevano vissuto: multilingue, multiculturale e alla ricerca di nuove opportunità per i propri figli.

Le testimonianze raccolte dalle famiglie coinvolte parlano dell'importanza di un programma bilingue russo nelle loro vite personali e in famiglia. Alcuni genitori faticavano ad imparare russo come seconda lingua da adulti e non volevano che i loro bambini dovessero soffrire come era successo a loro. Alcuni bambini avevano un genitore madrelingua russo e uno anglofono, il che rendeva ardua la comunicazione in russo in famiglia. Una famiglia aveva anche un bambino trilingue, che parlava l' inglese, il russo e il cinese, e voleva iscrivere il proprio figlio in un programma bilingue in modo da poter migliorare la lettura e la scrittura in due delle tre lingue.

I genitori evidenziarono i benefici culturali di cui, sia i bambini di lingua madre russa che gli anglofoni, avrebbero usufruito grazie al programma, una volta scoperti i "tesori" della cultura russa. La famiglia della fondatrice Julia Stoyanovich fece presente che a casa propria si parlava interamente russo, in quanto sia lei che suo marito volevano che il proprio figlio fosse in grado non solo di capire ma anche di dire barzellette e ridere nella loro lingua nativa. Volevano anche che il loro figlio fosse in grado di sentirsi a proprio agio nel parlare con i propri nonni nel Queens, a Mosca, a Belgrado, i quali parlavano poco inglese. Molte famiglie si erano presentate come globali-russe, un termine che indica una combinazione di lingua e cultura russa, un passaporto in regola e un'istruzione e stile di vita occidentali. Questi genitori credevano che un programma bilingue russo sarebbe servito per conservare la propria identità e trasmettere la propria lingua madre e la propria cultura ai loro bambini.

Il messaggio di questo assortito gruppo era profondo ma semplice: *E Pluribus Unum*: uno fra molti.[xxxiv] La loro grande speranza era di combinare le varie estrazioni sociali e i vari interessi per creare un programma bilingue di successo. In quella parte di New York, l'Upper West Side, dove l'iniziativa ha le sue basi, non è raro sentire parlare russo per strada. Infatti, New York ha la più vasta popolazione di lingua russa degli Stati Uniti. Secondo un recente censimento, ben oltre 200.000 residenti a New York sono di madrelingua russa, il che fa del russo la quarta lingua più parlata a New York dopo l'inglese, lo spagnolo e il cinese.[xxxv] Approssimativamente 3.400 bambini di madrelingua russa residenti a New York vengono identificati come English Language Learners e hanno diritto ai servizi di istruzione bilingue. Molti altri studenti che vengono da famiglie in cui si parla il russo, possono iniziare ad andare a scuola se parlano un po' di inglese, ma hanno bisogno di acquisire una ottima padronanza della lettura, scrittura e comprensione della lingua inglese.[xxxvi]

Inoltre, i bambini provenienti da tutte le estrazioni sociali, inclusi gli inglesi monolingue, potevano trarre beneficio dal programma bilingue russo grazie all'importanza globale del russo, così come ai molti percorsi culturali e professionali che il russo apre a coloro che lo parlano con padronanza. I fondatori parlarono a lungo del loro desiderio di condividere il loro amore per la lingua e la cultura russe con altre della comunità di New York. Credevano che il programma russo sarebbe stato un regalo per i loro figli, ma anche per la comunità allargata, ed erano pronti a fare di tutto per trasformare il loro sogno in realtà.

Scontro con i vertici

Prima di tornare a parlare delle due mamme di Manhattan, è importante raccontare la storia originaria dei programmi bilingue russi a New York, una storia che inizia a Brooklyn. In questo distretto Maria Kot, mamma russa madrelingua, era diventata una sostenitrice importante dell'istruzione bilingue russa per sua figlia e per centinaia di altri studenti bilingue delle scuole PS200 e IS228.[xxxvii] Maria organizzò eventi e riunioni per la comunità, sviluppò progetti e mantenne i rapporti con molti gruppi sostenitori, comunità di quartiere, famiglie russe e agenzie governative. È diventata ora la rappresentante delle famiglie presso l'associazione statale di New York a sostegno dell'istruzione bilingue, da dove riesce a dare voce agli interessi dei genitori di diverse comunità linguistiche.

La prima interazione di Maria con i programmi bilingue russi fu quando iscrisse sua figlia alle elementari della PS200. Sebbene esistesse già, pochi anni dopo l'ingresso della figlia di Maria a scuola il programma fu a rischio di chiusura quando un nuovo preside arrivò e altre minoranze della scuola si espressero negativamente, dicendo che né loro né i loro figli si sentivano inclusi. Maria spiega quanto fosse difficile convincere genitori e amministratori del bisogno di continuare il programma:

In quel periodo, la situazione era diversa e l'idea di un bilinguismo non era ben accetta. Dovemmo combattere. Dovemmo iniziare a combattere con il ministero dell'istruzione affinché i nostri figli avessero accesso all'istruzione bilingue. Se lo scontro può essere evitato, è meglio, perché è stressante per tutti quanti e nessuno merita di trovarsi in quella situazione.[xxxviii]

In seguito ad una stancante battaglia legale con il ministero, Maria e la comunità dei genitori bilingue russi ottennero il diritto di mantenere il programma per la figlia e il resto della classe bilingue.

Le loro argomentazioni partivano da un precedente legale, *Lau v. Nichols*, presentato nelle pagine del capitolo 13, e sul diritto degli studenti di inglese come seconda lingua (English Language Learners) ad avere accesso all'istruzione bilingue. Con la documentazione comprovante lo stato degli studenti madrelingua russo della classe, Maria fu in grado di salvare i programmi bilingue di russo a Brooklyn. In seguito, il programma continuò a crescere. Un secondo programma bilingue russo fu lanciato nella scuola media IS228, per accomodare le classi bilingue in espansione. Questo programma fu molto più semplice da realizzare, grazie ad un preside sostenitore, come Maria descrive:

Fu tutto più facile, sereno e ben riuscito. Ho trovato un preside che voleva migliorare la scuola. Mi sono rivolta a lui e ho spiegato l'opportunità che il bilinguismo poteva offrire alla sua scuola. Ci volle qualche visita prima che capisse l'idea dell'istruzione bilingue. Ma poi, divenne un incredibile sostenitore del bilinguismo. Da allora, ha creato un programma bilingue russo e uno cinese. L'anno successivo ha attivato un programma bilingue spagnolo e poi uno ebraico. Ora abbiamo enorme sostegno e supporto da parte del preside per poter continuare.[xxxix]

Incredibilmente, l'impegno di Maria nell'espansione dei programmi bilingue russi rese possibile la realizzazione di altri programmi, da parte di diverse comunità linguistiche. Inoltre, PS200 ottenne il riconoscimento come Model Dual-language School dal precedente rettore di New York Carmen Fariña per l'anno 2015-2016. Questi successi dimostrano l'autorità del coinvolgimento genitoriale, in quanto ogni iniziativa ha la possibilità di cambiare il panorama educativo di una comunità.

Il sogno diventa realtà

Mentre i programmi russi raggiungevano un discreto successo a Brooklyn, l'iniziativa di Manhattan attraversava una fase di stallo. Tutti erano perfettamente consapevoli che i precedenti tentativi di creare un programma bilingue russo a Manhattan avevano fallito. Ma per Olga e Julia, questo non era un buon motivo per arrendersi. Al contrario, suscitarono l'interesse verso la loro causa. Julia descrive la loro visione in questo modo:

> *Questo è il nostro sogno. Il nostro sogno è vicino a casa. Consiste nel creare un programma russo bilingue in una scuola elementare nella zona Upper West Side di Manhattan. Vogliamo che sia un programma bilingue di qualità. Questo programma dovrebbe aiutare i bambini che parlano l'inglese come seconda lingua e il russo come prima, in modo costruttivo, senza preoccupazioni e in un ambiente piacevole. Dovrebbe anche aiutare i bambini che non parlano russo ad imparare la lingua, e apprezzarla insieme a noi e al resto della comunità di lingua russa e del mondo. Vogliamo che questo programma sia in una scuola elementare pubblica. Sentiamo che il sistema scolastico pubblico ci fornirà tanti benefici che la città di New York offre—il multiculturalismo, la diversità, l'integrazione, e la bellezza della città che siamo felici di chiamare "casa".*[xl]

Oltre alla loro comunità russa, le madri svilupparono una strategia per attirare parlanti di altre lingue al loro programma sulla base di tre fattori: uomini con barba, navicelle spaziali e il sigillo della doppia istruzione ("Seal of Biliteracy"). Con la sua risata, Julia descrisse come la lingua russa apra le porte alle ricche traduzioni culturali del suo paese, incluso il gusto per gli uomini con barba come Leo Tolstoy, Tchaikovsky e Chekhov. La navicella spaziale, una ode allo Sputnik, puntava sulle opportunità economiche e la crescita di professioni nel settore politico, tecnologico e scientifico nel mondo di lingua russo. Infine, in alcuni stati, tra cui New York, il sigillo della doppia istruzione viene conferito a chi termina le scuole superiori, con un'alta competenza linguistica in una o più lingue oltre all'inglese, dando così credibilità ai programmi bilingue di tutto il paese.

Molti degli ingredienti necessari per attuare un programma di doppia lingua nell'Upper West Side erano già presenti la sera della presentazione dell'iniziativa. Il gruppo richiedeva genitori motivati e molti si trovavano tra il pubblico. Avevano bisogno di risorse sia del Dipartimento dell'Istruzione di New York che di organizzazioni esterne molti dei quali partecipavano alla serata ed erano tra gli ospiti. Avevano anche bisogno di identificare insegnanti altamente qualificati, cosa che potevano fare lavorando in collaborazione con le scuole che avevano già iniziato a contattare. L'ingrediente finale era costituito dagli studenti, che erano ampiamente rappresentati dall'entusiasta pubblico dei genitori. Tuttavia, i dirigenti in sala e coloro che intervennero ricordarono ai nuovi leader dell'iniziativa, dell'importanza del rispetto e dell'integrazione all'interno di una comunità scolastica precedentemente consolidata. Esortarono il gruppo a lavorare nelle scuole con genitori che avrebbero potuto sentirsi a disagio per via dei cambiamenti e delle novità. Le madri, caratteristica distintiva dell'iniziativa russa, espressero il loro assoluto impegno per evitare, all'interno della scuola, l'isolamento degli studenti russi. Erano determinate a costruire un programma che avrebbe giovato a tutti. Come il gruppo capì molto bene, quando un programma bilingue viene costruito sulla base del rispetto, dell'apprezzamento e della cooperazione, la scuola diventa il fondamento su cui una comunità può prosperare.

I due gruppi delle iniziative bilingue russi, quello a Brooklyn e a Manhattan, ci propongono due storie che, sebbene contrastanti, offrono consigli simili. A Brooklyn, ciò che fiorì da una feroce battaglia legale è diventato un esordiente rifugio di educazione bilingue che tuttora accoglie e rafforza la sua multiforme comunità. A Manhattan, la lunga e faticosa battaglia per garantire una sede scolastica in un edificio di alto livello è stata troppo scoraggiante e difficile per la creazione di un programma bilingue per le tante famiglie russe che lo desideravano. Durante la stesura di questo libro, l'iniziativa del programma bilingue di lingua russa a Manhattan era in trattative con una scuola di Harlem che sembrava aperta alla proposta.

Anche se i progetti Brooklyn e di Manhattan hanno seguito percorsi diversi, entrambi sostengono la diversità delle loro comunità. Cercano di promuovere le diverse culture incapsulate nella loro comunità linguistica, celebrando e condividendo le loro tradizioni. Alla fine, indipendentemente dal fatto che i bambini raccontino barzellette, siano ballerini o leggano Tolstoj, le famiglie del programma bilingue russo a New York si sono impegnate a preservare il loro patrimonio culturale nel contesto di una città multiculturale e a realizzare, così, i loro sogni.

CAPITOLO 6

L'effetto domino: la moltiplicazione dei programmi francesi

Tutto iniziò nell'Aprile 2006 quando tre tenaci madri si recarono dalla preside Giselle McGee's alla PS58 di Brooklyn a Carroll Gardens, con la speranza di convincerla che il programma doposcuola francese sarebbe stata un'aggiunta utile alla scuola. Come queste madri, molte famiglie francofone nel quartiere cercavano di aiutare i loro bambini l'uso del francese fuori casa. La comunità francese non poteva immaginare che Giselle avrebbe non solo accettato il dopo scuola immediatamente, ma anche che la loro conversazione avrebbe portato alla creazione del primo programma francese bilingue a New York, e all'emergere di programmi simili nell'intera città. La storia del bilinguismo francese a New York evidenzia il forte effetto domino della Rivoluzione bilingue. Dietro la forza di una comunità impegnata e motivata, i programmi bilingue paritari possono moltiplicarsi e mettersi al servizio degli studenti bilingue, che sono in continuo aumento.

L'impatto dei sostenitori

Sino all'età di cinque anni Giselle era bilingue, parlava francese a casa con la madre e inglese con il padre. Fu solo quando iniziò la scuola materna a Staten Island che abbandonò le sue competenze linguistiche in francese, in quanto nessuno dei suoi compagni parlava francese. Giselle crebbe negli anni sessanta, un periodo in cui l'assimilazione nella cultura americana era una priorità fra le comunità di recente immigrazione. Le scuole elementari allora non offrivano l'apprendimento delle lingue straniere, il che significava che i bambini non anglofoni non potevano sviluppare la lingua materna in classe. Di conseguenza, all'età di cinque anni, la francofona Giselle perse l'uso della propria lingua nativa. È una storia fin troppo comune negli Stati Uniti, vecchia di decenni. Fortunatamente, le recenti tendenze dell'istruzione bilingue stanno cercando di cambiare questo triste fenomeno.

Con la sua storia in mente, Giselle inaugurò con entusiasmo il programma bilingue francese alla scuola PS58 nel 2007. Il positivo incontro fra le tre madri—Catherine Poisson, Anne-Laure Fayard e Mary-Powel Thomas—e la loro convinta preside preparò il terreno per gli altri numerosi gruppi che replicarono il loro impegno. Seguendo l'esempio di questo primo gruppo, nuovi genitori fecero massa critica—ricevendo il sostegno e l'impegno di importanti attori all'interno della comunità e fra gli amministratori scolastici. Questo movimento portò alla creazione di moltissimi programmi bilingue francesi in tutta la città di New York, così come in altre città americane negli ultimi dieci anni. Il continuo successo del programma di PS58 incoraggiò richieste alle scuole di programmi bilingue francesi, a parte delle nuove generazioni di genitori, pronti a qualsiasi cosa pur di introdurre l'istruzione bilingue nel proprio quartiere. Sinora, educatori e ricercatori negli Stati Uniti e all'estero, indicano questo programma come un esempio limpido dell'autorità dei programmi bilingue nel XXI secolo.

Quando altre comunità di New York iniziarono a notare il successo di PS58, una sinergia crescente si creò fra le diverse organizzazioni, fra cui i servizi culturali della Ambasciata di Francia, diverse organizzazioni non profit e filantropiche, riviste locali in lingua francese,[xli] e l'*Éducation en Français à New York*, creata da volontari la cui missione era di promuovere l'offerta francese nelle scuole pubbliche del quartiere. Questa dinamica collaborazione facilitò la moltiplicazione del numero di programmi bilingue francesi a New York in un periodo considerevolmente breve. Posò le basi per la Rivoluzione bilingue di New York City, che sarebbe stata poi chiamata "Rivoluzione francese bilingue".[xlii]

L'opzione della scuola pubblica

Questa rivoluzione venne sostenuta da un crescente interesse nell'istruzione bilingue fra la comunità francofona, dotata di un bisogno di servire le sue popolazioni diverse all'interno del sistema scolastico pubblico. Nel 2012, ho stimato che 120.000 persone a New York parlavano francese in famiglia, inclusi 22.000 bambini—mostrando la possibilità di riempire oltre 50 programmi bilingue franco-inglesi nell'intera città.[xliii] Nell'area metropolitana di New York, le famiglie espatriate francofone e le famiglie americane e internazionali interessate al modello educativo francese che possono permettersi un'istruzione nelle scuole private hanno un'offerta educativa eccellente. Istituzioni come il Lycée Français a New York, la scuola internazionale delle Nazioni Unite, il Lyceum Kennedy, la scuola Francese-Americana di New York a Larchmont, l'International School a Brooklyn, la *Ecole Internationale de New York,* l'Accademia Francese Americana e la Scuola Francese Americana di Princeton forniscono programmi di alta qualità seguendo curricula accreditati secondo gli standard educativi nazionali in Francia. In tali scuole, le famiglie usufruiscono dei benefici e opportunità fornite dall'istruzione bilingue—a pagamento—e i loro figli sono in grado di perfezionare sia l'inglese che il francese raggiungendo un ottimo livello.

Negli anni 2000, New York assistette ad un afflusso di giovani famiglie francofone che non potevano permettersi di pagare le rette. Allo stesso tempo, diversi quartieri della parte occidentale di Brooklyn, Harlem, Queens e la parte meridionale del Bronx, assistettero all'aumento stabile delle popolazioni francofone, inclusi gli immigranti dall'Europa, Canada, Africa e Caraibi. Queste popolazioni arrivate da poco speravano di mantenere le competenze linguistiche dei propri bambini adattandosi allo stesso tempo alla vita americana. Questo portò ad una crescita massiccia della domanda di programmi bilingue in francese, incoraggiati dalla presenza dei francofoni che spesso non venivano notati dalle autorità scolastiche, in quanto molti parlavano altre lingue a casa, come il wolof, bambara e creolo, e venivano identificati come senegalesi, malesiani o martinichesi solo dai funzionari scolastici. I programmi bilingue francesi divennero molto popolari fra le famiglie americane e internazionali la cui lingua dominante non era francese, ma erano attirati dall'idea di dare ai loro bambini un'istruzione scolastica bilingue.

La Rivoluzione si espande

I programmi che iniziarono nel 2011 alla PS110 di Greenpoint e alla PS133 in Boerum Hill ricevettero centinaia di iscrizioni ogni anno per i pochi posti disponibili nelle classi K del programma bilingue francese. Questi programmi vennero sostenuti dai genitori che parlavano francese a casa, alcuni di loro erano nati negli Stati Uniti, altri in Canada o Francia. La maggior parte dei richiedenti vengono da famiglie monolingue anglofone slegate culturalmente e linguisticamente dal francese. In altre scuole di Brooklyn, come la PS20 a Clinton Hill e la PS03 a Bedford-Stuyvesant, il programma bilingue francese era stato iniziato o da genitori americani che non parlavano il francese, o da educatori che volevano migliorare l'offerta alle famiglie provenienti da paesi francofoni, che non erano servite in modo ottimale.

La coppia franco-americana Virgil de Voldère e Susan Long, e i genitori che come loro ambivano a garantire il bilinguismo e la doppia scolarizzazione per i propri figli, si impegnarono a creare il programma bilingue francese alla PS84 nella zona occidentale di Manhattan (Upper West Side) nel 2008. Virgil spiega come questa iniziativa partì:

> *Mia moglie Susan propose questa idea di fare il programma bilingue francese. Ci riunimmo e iniziammo a pianificare il lancio del programma il seguente settembre in febbraio. Entro maggio riuscimmo a raccogliere informazioni dalle 100 famiglie del vicinato. Robin Sundick [che allora era preside della PS84] si impegnò da*

parte sua, a risolvere le difficoltà burocratiche. Entro settembre, come per miracolo, ottenemmo il programma. Quello che dico ai genitori francofoni e soprattutto quelli che arrivano dalla Francia, e abituati ad un sistema educativo statale, è che in America la loro opinione e la loro azione conta. Possono organizzare, proporre e hanno il diritto di parlare la loro lingua materna a scuola.[xliv]

Per raggiungere il loro obiettivo, Virgil e Susan coinvolsero un altro genitore della scuola, Talcott Camp, avvocato civile americano, madre di due bambini, francofila che desiderava il bilinguismo per i suoi figli. In seguito, Talcott divenne presidente dell'*Education en Français à New York* e spiegò la sua partecipazione all'iniziativa in questo modo:

Mi interessava l'apprendimento della lingua, ma in realtà la ragione per cui volevo il programma bilingue per i miei bambini era che non volevo che crescessero monolingue. Mi pareva così limitato. Volevo che crescessero con più di una lingua sia per una questione di arricchimento che per la prospettiva che avrebbe offerto loro nel campo politico e culturale e mentale. Ci sarebbe piaciuto un programma francese bilingue ma non avevo mai pensato che questo fosse possibile. È stato Virgil che disse ""Pourquoi pas?" ["Perché no?"]. La preside all'epoca, Robin Sundick, gli disse, "Se mi porti abbastanza famiglie francofone, lo creo". E fu così che il lavoro iniziò.[xlv]

Come promesso, Virgil, Susan e Talcott trovarono i numeri necessari per rendere la loro visione francofona a scuola una realtà. La scuola che avevano scelto, PS84, era all'avanguardia nell'istruzione bilingue spagnola, ed era in grado di coinvolgere l'esistente struttura amministrativa bilingue per aprire velocemente ed efficientemente il programma francese a Settembre 2008. Oggi, il programma serve circa 250 studenti di provenienza europea, canadese, caraibica e africana. Entro la fine della classe quinta, tutti gli studenti dei programmi bilingue paritari sono bilingue e con doppia scolarizzazione, con una solida conoscenza delle culture francofona e americana. Questo successo fu reso possibile grazie ai genitori, che tappezzarono il vicinato, disegnarono poster, aggiornarono siti web e organizzarono eventi scolastici aperti a tutti.

Da settembre 2007 in poi, quattordici scuole pubbliche a New York hanno inaugurato i programmi francesi bilingue, dieci dei quali sono ancora operativi. Quattro programmi hanno recentemente chiuso a causa dell'inefficace programmazione o del cambio della leadership scolastica—ostacoli importanti nella attuazione dell'istruzione bilingue. Le storie di successo includono sette programmi scolastici alle elementari, comprese le scuole pubbliche di Manhattan e Brooklyn, e la Charter School francese americana di New York con sede ad Harlem. Inoltre, tre scuole medie offrono un curriculum bilingue francese sino all'ottava classe: MS51 a Park Slope, MS256 nello Upper West Side, e la scuola di studi internazionali Boerum Hill con sede a Brooklyn. Quest'ultima attualmente segue il processo di realizzazione del primo programma di maturità internazionale europeo (International Baccalaureate) nella scuola pubblica degli Stati Uniti, con la prospettiva di accogliere studenti bilingue sino alla classe dodicesima, sino all'acquisizione del diploma bilingue IB.

Dal momento che sempre più studenti dei programmi bilingue stanno per iniziare le scuole superiori, è importante che le scuole assicurino il proseguimento della loro duplice istruzione, in inglese e francese. I programmi bilingue paritari in francese servono oltre 1.700 studenti a New York—con stime totali quasi raddoppiate, se si includono le famiglie che hanno traslocato, che si sono ritirate, e i programmi che hanno chiuso dal 2007 ad oggi. Le attuali proiezioni indicano che altri 7.000 studenti potrebbero beneficiare da questi programmi entro il 2020, se l'attuale consenso pubblico continua a conquistare la fiducia di presidi scolastici, gruppi comunitari e genitori.

Preoccupazioni crescenti e gestione del successo

Sfortunatamente, la Rivoluzione bilingue francese è ostacolata dalla mancanza di spazio disponibile più che dalla mancanza di interesse. Conseguentemente, sono maggiori le famiglie—sia francofone che non—che non sono state accettate nei programmi bilingue francesi rispetto a quelle che sono state ammesse. Il numero di posti disponibili nella città rimane limitato, generando accanite dinamiche competitive fra i richiedenti. Fortunatamente, questo problema può essere risolto. Attraverso gli accordi con le nuove scuole e l'impegno dei nuovi genitori l'espansione dei programmi bilingue francesi può rendere queste opportunità più accessibili alle famiglie della città di New York e oltre.

Tuttavia, lo spazio in classe non è il solo problema per lo sviluppo di questi programmi. Dato che il numero dei programmi francesi continua a crescere, cresce anche il bisogno di insegnanti qualificati. Questa difficile situazione è spesso accompagnata dai vari ostacoli che emergono durante il processo di assunzione di insegnanti bilingue competenti e con credenziali adatte per lavorare nelle scuole pubbliche. Al momento, la maggioranza dei candidati alla professione di insegnante bilingue negli Stati Uniti sono cittadini americani o titolari di visto permanente (la "green card", la carta verde), in quanto le scuole sono spesso nell'impossibilità di garantire i permessi di lavoro agli insegnanti che vivono all'estero, a causa delle complicate procedure burocratiche. Una laurea in istruzione bilingue viene spesso richiesta e nella città di New York è obbligatorio avere una certificazione statale per insegnare in una scuola pubblica. L'invito a candidarsi rivolto su vasta scala ad insegnanti eccezionali è diventato un fattore cruciale nella creazione dei programmi bilingue. Per rispondere a questo bisogno, Hunter College a Manhattan, che offre un programma di laurea magistrale (Masters) in istruzione bilingue in spagnolo dal 1983, ha aggiunto una laurea per il francese fra le sue offerte. Per incoraggiare gli studenti ad iscriversi al programma di Hunter e a simili programmi offerti a New York, la *Société des Professeurs de Français et Francophones d'Amérique* ha creato un programma accessibile tramite borsa di studio per aiutare i futuri insegnanti bilingue francesi.[xlvi] I programmi con certificazione e borsa di studio sono essenziali per permettere ai programmi bilingue a diventare autosufficienti nel futuro.

Oltre agli insegnanti qualificati, c'è anche un gran bisogno di risorse educative, soprattutto aule e libri per le biblioteche scolastiche, adattati a diversi argomenti e competenze. La raccolta di fondi ha assunto un ruolo importante nella soddisfazione di questi bisogni. I genitori con esperienza nella gestione delle campagne e delle finanze su larga scala sono stati fondamentali nella raccolta dei fondi necessari per sostenere le scuole che ospitano i programmi bilingue di francese. Una squadra guidata da genitori specialisti e bilingue ha assistito i servizi culturali della Ambasciata di Francia e il suo partner, la fondazione FACE, durante la creazione di una campagna di raccolta fondi estesa per molti anni all'intera città, con l'obiettivo di servire moltissimi bambini bilingue francesi, soprattutto in aree mal servite nei distretti del Bronx e Queens, nella zona orientale di Brooklyn dove molte famiglie francofone risiedono.[xlvii] L'iniziativa ha ora preso la forma di un programma nazionale, il Fondo Francese per il Bilinguismo, diretto da Bénédicte de Montlaur, Consigliere Culturale della Ambasciata di Francia. L'obiettivo è di costruire una rete duratura di programmi bilingue paritari e intensivi ancorati fermamente al paesaggio educativo americano. Il fondo ha ricevuto il sostegno di privati generosi, fondazioni, corporazioni e istituzioni pubbliche. Inoltre, organizzazioni come French Institute Alliance Française, il Comitato delle Società Francofone, la Fondazione Alfred e Jane Ross, la Delegazione Governativa del Quebec e anche il Senato Francese—grazie in parte al sostegno dei senatori che rappresentano i cittadini francesi residenti fuori dalla Francia—tutti sono diventati appassionati sostenitori e generosi portavoce dei programmi bilingue francesi della città di New York.[xlviii]

Jane Ross, educatore internazionale ed ex insegnante di inglese al Lycée Français di New York, ha contribuito in maniera decisiva durante la creazione del Programma di Lingua d'Origine Francese, tenutosi all'Ambasciata Francese e alla Fondazione FACE. Negli ultimi dieci anni, questo programma ha aiutato i giovani immigrati di estrazione francofona a difendere il loro patrimonio linguistico durante l'integrazione alla vita americana. Offre lezioni di francese gratis attraverso l'organizzazione *Internationals Network for Public Schools*, che accoglie le nuove generazioni di immigrati.[xlix] La maggior parte degli studenti iscritti al programma proviene dall'Africa occidentale e Haiti. Attraverso il sostegno nel doposcuola e a scuola, il programma lavora partendo dalla base francese e accelera la competenza linguistica degli studenti in inglese. Gli studenti hanno anche l'opportunità di guadagnare crediti universitari passando esami selettivi durante il programma. In tutto, più di 3000 studenti dalla classe K sino al 12esimo grado hanno tratto beneficio dal Programma di Lingua d'Origine Francese dalla sua creazione nel 2006. Il programma è diventato parte integrante dell'istruzione francofona a New York, e un importante complemento dei programmi bilingue paritari, senza dimenticare che gioca un ruolo decisivo nella Rivoluzione francese bilingue.

La storia del programma bilingue francese a New York illustra perfettamente il ruolo fondamentale dei genitori ed degli educatori nello sviluppo dei programmi bilingue, così come delle organizzazioni esterne che possono provvedere sostegno critico in una varietà di modi. Questi aneddoti sono la prova che individui impegnati possono unirsi e rispondere ai bisogni della comunità, stabilire campagne efficaci e creare accordi con istituzioni che hanno la capacità di assisterli nella risoluzione di problemi che sarebbero altrimenti troppo vasti e complicati.

Come abbiamo visto, migliaia di bambini hanno tratto vantaggi dagli sforzi combinati di molti individui, gruppi e organizzazioni leali all'istruzione bilingue francese nelle scuole pubbliche di New York. Rimangono forti le speranze di far beneficiare di questi vantaggi ancora più bambini nel futuro prossimo. La storia del bilinguismo francese rappresenta tutto quello che la Rivoluzione bilingue ha da offrire: programmi di qualità nelle scuole pubbliche per bambini di ogni contesto socioeconomico, etnico e linguistico. Se la Rivoluzione bilingue continua a diffondersi a questo incredibile ritmo, è impossibile sapere sino a dove si spingerà.

CAPITOLO 7

Il superamento dei pregiudizi: i programmi bilingue in arabo arrivano a New York

Il primo programma bilingue in arabo e inglese di New York fu creato alla scuola pubblica Khalil Gibran International Academy di Brooklyn, che aprì le sue porte a sessanta studenti della sesta classe nel settembre del 2007. La scuola venne chiamata Khalil Gibran in nome all'artista libanese-americano, poeta e scrittore della New York Pen League. Gibran venne negli Stati Uniti da bambino, crebbe a Boston dove fu scolarizzato in una classe speciale per immigranti. In quel contesto fu in grado di imparare la lingua inglese pur mantenendo l'arabo a casa. Gibran divenne una persona molto stimata, una figura letteraria celebrata in entrambe le lingue nonché un rispettato promotore internazionale della comprensione multiculturale, la personificazione dell'attuale spirito dell'istruzione bilingue.

La Khalil Gibran International Academy fu la prima scuola pubblica negli Stati Uniti ad offrire un curriculum che enfatizzava lo studio della lingua e della cultura arabe. Molte istituzioni sostennero il programma, incluso il comitato composto dal Lutheran Medical Center, il comitato americano-arabo contro la discriminazione e il centro per il sostegno alle famiglie arabo-americane. Il suo principale fondatore, Debbie Almontaser, si sforzò di creare una scuola bilingue che rispondesse alle esigenze delle comunità. L'inizio della scuola venne previsto a partire dalla classe sesta, e continuare sino al liceo in modo da permettere agli studenti di diventare completamente bilingue e bi-culturali.[1]

Per via delle differenze religiose e politiche, il gruppo cercò inizialmente di offrire l'istruzione in ebraico e in arabo. Tale modello, però, risultò troppo ambizioso, soprattutto se si prende in considerazione tutti i vari standard educativi e le regolamentazioni della scuola pubblica nello stato di New York. Alla fine, il gruppo decise di cambiare il suo obiettivo primario e indirizzarsi verso un programma bilingue arabo, che adottasse i valori dell'inclusione e del pluralismo, congiuntamente ai bisogni della comunità locale. La scuola venne concepita, inoltre, come un veicolo promotore della tolleranza in un momento di forte razzismo e islamofobia.[li]

La sconfitta e l'insegnamento

Sfortunatamente, in seguito agli attacchi da parte della stampa e di diversi gruppi promotori, il programma bilingue della scuola media alla Khalil Gibran International Academy non riuscì a sopravvivere. Sebbene la missione dell'Accademia fosse chiara e ben strutturata, il programma incontrò molta ostilità—inclusa la protesta tenuta al comune di New York, di un gruppo chiamato "Fermate la Madrassa". Gruppi di persone stettero per giorni di fronte all'ingresso della scuola sventolando insegne e protestando contro il curriculum bilingue arabo della scuola pubblica, alimentando paure di indottrinamento d'impronta islamica

Queste reazioni emersero nel contesto posteriore ai fatti dell'undici settembre, che continuarono ad assillare le istituzioni arabe e musulmane in quel periodo. Nonostante quello che il New York Times descrisse come un "movimento organizzato per fermare i cittadini musulmani che cercano di avere una maggiore influenza nella vita pubblica americana"[lii], l'Accademia si schierò in difesa del suo curriculum bilingue, in quanto il programma vantava già forti risultati accademici e sociali. Comunque, nel 2007 il comune sospese i contributi alla scuola e la preside Debbie Almontaser fu costretta a licenziarsi nel bel mezzo di uno scandalo mediatico, nonostante fosse una attivista interconfessionale molto conosciuta a New York. Successivamente, il caso venne presentato alla commissione per le eque opportunità, che rilevò una discriminazione nei confronti di Almontaser da parte del ministero dell'istruzione di New York City. In seguito alla conclusione dell'impegno professionale e personale della preside Almontaser, la Khalil Gibran International Academy fu costretta a lasciar perdere il suo programma bilingue.

Oggi, la Khalil Gibran International Academy si ripropone ad una nuova comunità e porta avanti il messaggio di pace di Gibran. Nel suo passaggio da scuola media a scuola superiore, offre le classi dalla 9 alla 12, con la missione di:

sviluppare, mantenere, e diplomare studiosi per la vita che hanno una profonda comprensione di prospettive culturali diverse, un amore per la conoscenza e un desiderio di eccellere con integrità. La scuola promuove lo sviluppo olistico degli studenti e incoraggia la loro crescita sociale, emotiva, fisica e intellettuale. Insieme ai nostri partner, ci dedichiamo a creare un ambiente che pone lo studente al centro, con apprendimento collaborativo, dove i nostri studenti raggiungono il loro potenziale di crescita e diventano protagonisti globali del mondo intorno a loro.[liii]

La scuola mantiene i programmi di inglese e arabo, sebbene non in un contesto bilingue. Gli studenti che si diplomano dalla Khalil Gibran non avranno un'ottima padronanza dell'arabo, ma tuttavia svilupperanno competenze che aiutano lo sviluppo personale e la comprensione interculturale, che senza dubbio li aiuterà a considerare opportunità professionali future in settori come l'imprenditoria e le relazioni internazionali.

Sebbene la storia della Khalil Gibran Academy porti con sé un risvolto positivo, le popolazioni madrelingua arabe rimangono un gruppo colpito e discriminato. La paura della discriminazione fra gli arabi-americani e le comunità madrelingua arabe negli Stati Uniti è stata forte in seguito agli eventi dell'undici settembre. Gli individui di madrelingua araba vengono regolarmente messi in luce negativamente e trattati con diffidenza, semplicemente a causa del loro contesto linguistico ed etnico, o a causa del loro aspetto fisico.[liv] Inoltre, questo gruppo tende ad essere rigidamente classificato come musulmano quando, in verità, numerosi madrelingua arabi sono cristiani o vengono da altri contesti religiosi. Le incomprensioni e gli attacchi discriminatori persistono e il recente clima di odio e di divisione politica negli Stati Uniti non ha migliorato la situazione. L'eccessiva attenzione sfavorevole ha portato tensione, disagio e sofferenza nella comunità arabo-americana, come spiega Zona Zakharia, professore assistente di istruzione internazionale e comparativa all'università di Massachusetts Boston:

> *Penso davvero che sia diverso per le comunità arabe, politicamente [...] La gente vuole stare sotto il radar, non vuole creare problemi, non sa se la richiesta di qualcosa possa generare problemi.*[lv]

Questo senso di preoccupazione è sentito fra coloro che parlano l'arabo in pubblico e anche a casa. Frequentemente, le famiglie preferiscono che il loro figlio non impari neanche l'arabo, come Zeena conferma:

> *L'arabo non è una lingua che denota un alto stato sociale. Le politiche relative all'arabo sono complesse. Anche in Libano, dove dirigevo una scuola bilingue, avevo genitori che tornavano a vivere con i loro figli in Libano dopo aver soggiornato negli Stati Uniti, che mi dicevano: "Non voglio che mio figlio impari l'arabo".*[lvi]

L'erosione dell'arabo descritta da Zeena è inquietante. Come abbiamo visto in altre comunità linguistiche, la paura della discriminazione e il forte desiderio di integrazione sono forze incredibilmente potenti che vanno contro il bilinguismo in America. Di fronte alle avversità, l'arabo è diventato l'ultima vittima nella lunga storia delle lingue che sono state sconfitte dalla pressione creatasi da pregiudizi sociali ed etnici negli Stati Uniti.

La rimonta

Fortunatamente, i genitori e gli insegnanti professionisti hanno efficacemente contrastato tale stigmatizzazione, e l'istruzione in lingua araba a New York è stata oggetto di una recente riscoperta. Nel 2013. Carol Heeraman venne avvicinata dall'ufficio degli studenti di inglese come seconda lingua (ELL) di New York, per discutere l'idea di creare un programma bilingue presso la sua scuola, la PS/IS30, a Brooklyn. Pensò immediatamente all'arabo come seconda lingua del programma, dato che la maggior parte della popolazione scolastica parlava arabo a casa. Famiglie dello Yemen, Egitto, Libano e Siria avevano di recente iniziato a trasferirsi nel vicinato, creando una domanda maggiore delle offerte bilingue in arabo nelle scuole pubbliche. Il programma venne ricevuto con entusiasmo eccezionale dai genitori e non fu affatto difficile convincere tanti altri, in quanto l'arabo era già ben rappresentato nella scuola e nella comunità. Ciò che contava di più era l'assenza di pregiudizi e preconcetti negativi sull'arabo da parte del preside e del personale scolastico, e tutti erano molto consapevoli del potenziale impatto positivo dell'arabo nella preparazione dei loro studenti.

Attraverso il programma bilingue arabo-inglese, PS/IS30 divenne velocemente un partner fedele alla organizzazione Qatar Foundation International, con sostegno alla lingua e istruzione arabe. Insieme, la scuola e la fondazione lavorarono per trasformare l'iniziativa bilingue in un impegno corale.[lvii] Qatar Foundation International forniva i necessari fondi, programmazione e materiali necessari per il programma bilingue.[lviii] Insieme conferirono legittimità all'iniziativa e condivisero con entusiasmo la loro competenza nell'istruzione della lingua araba. La fondazione inoltre forniva fondi per impiegare Mimi Met, una esperta di immersione linguistica, come consulente del programma. Inoltre, i funzionari scolastici lavorarono insieme alla Arab-American Association—situata in prossimità, sulla Quinta Strada a Brooklyn—la cui missione è di "sostenere e responsabilizzare la comunità di immigranti arabi e arabi americani nel fornire servizi per aiutarli ad integrarsi nella loro nuova casa e diventare parte attiva della società."[lix] Linda Sarsour, l'allora direttore della associazione e nota attivista politica palestinese americana, era determinata a mettere a disposizione dell'iniziativa la propria rete di conoscenze per facilitare un sostegno diretto alla causa. Questi accordi permisero al programma bilingue arabo di ottenere i fondi necessari e avere accesso al sostegno comunitario, due componenti chiave che contribuirono al suo successo.

Nonostante il pregiudizio e il marchio che circonda la comunità dei madrelingua araba, le competenze linguistiche arabe sono incredibilmente valutate a livello professionale, soprattutto negli Stati Uniti. In un contesto posteriore ai fatti dell'undici settembre, molte professioni oggi richiedono l'arabo, e ci sono innumerevoli opportunità professionali legate al mondo arabo. La crescita dell'istruzione linguistica araba negli Stati Uniti è stata maggiormente registrata a livello universitario, ma è nei primi anni di scolarizzazione che emerge il vantaggio maggiore—il che evidenzia le potenzialità che i programmi bilingue hanno.[lx]

La padronanza dell'arabo crea un divario tra i candidati nella corsa alla scelta delle università, alle borse di studio e ai programmi di arricchimento. La conoscenza dell'arabo e la familiarità con la cultura araba offrono accesso a carriere nell'imprenditoria, diplomazia, giornalismo, sicurezza, e politica pubblica, per citarne alcune.[lxi] Inoltre, l'arabo è negli Stati Uniti una delle seconde lingue che registra la crescita più rapida, ed è parlata a casa da oltre un milione di americani.[lxii]

La Preside Heeraman osserva che molte delle famiglie interessate al programma bilingue arabo parlano un'altra lingua a casa, come il russo o il cinese, naturale conseguenza dello scenario multiculturale della zona servita dalla scuola. Queste famiglie vedono il programma come una forma di arricchimento accademico, così come le classi per gli studenti "dotati" che esistono già nelle scuole del paese. In questo senso, l'istruzione in lingua araba sta ottenendo lo status che era stato negato così spesso in passato, in quanto le famiglie ora colgono al volo la possibilità che i propri figli diventino sciolti in una seconda, o perfino terza lingua.

La definizione della missione

Durante il suo sviluppo, il programma bilingue arabo fu confrontato da dubbi da parte dei genitori e membri della comunità, che necessitavano una chiarificazione e che definirono il proposito del programma. Primo fra tutti, l'istruzione in lingua araba viene spesso vista come un vantaggio per la partecipazione nella tradizione religiosa islamica, e specialmente per la lettura del Corano. Molti genitori inizialmente espressero il timore per la potenziale enfatizzazione dell'aspetto religioso del programma anziché quello linguistico, nonostante l'istruzione venisse impartita, in un ambiente scolastico pubblico. Per creare una maggiore trasparenza sin dall'inizio, il preside Carol Heeraman fece presente in maniera chiara ai genitori che la scuola non era assolutamente associata con alcuna tradizione religiosa e che la sua missione era puramente educativa e accademica. La sua missione—definita nel dettaglio—era di sostenere l'apprendimento degli studenti bilingue e la doppia scolarizzazione in inglese e arabo. L'avere insistito sulla chiarificazione del concetto di missione aiutò il programma a distanziarsi da dubbi o sospetti persistenti che avevano avuto un impatto negativo nei precedenti programmi bilingue in arabo.

Dopo diversi mesi di estesa collaborazione e programmazione, il programma bilingue in arabo alla scuola pS/IS30 aprì le sue porte; era il settembre 2013. Il curriculum bilingue venne strutturato seguendo un modello di tempo parziale, secondo cui le classi del mattino erano in arabo e quelle del pomeriggio in inglese, o viceversa. La scuola ora offre lezioni bilingue a partire dalla scuola materna (k) sino alla terza, aggiungendo una nuova classe ogni anno quando la classe originaria passa all'anno successivo. Poiché la preside Heeraman dirige anche la scuola media IS30, ha in mente di continuare il curriculum bilingue arabo sino all'ottava classe.

Secondo tutte le persone coinvolte, l'importanza affermata dell'arabo come lingua internazionale ed essenziale ha cresciuto la popolarità della scuola nella comunità, come Carol Heeraman conferma:

I miei genitori sono informati, sofisticati e ricettivi all'idea. Bussano ad ogni porta per cercare bambini per il programma. L'anno prossimo la speranza è di riuscire ad aprire due classi di scuola materna (K) anziché una sola. E continuare sino all'ottava classe... Non vedo l'ora di dare il diploma a questi bambini che sono ora in seconda. Gli studenti dell'ottava classe sono bilingue e hanno una doppia scolarizzazione—sarà meraviglioso. Terremo l'intera cerimonia in arabo. Eccezionale. Tutto questo è possibile. [lxiii]

Questa visione del futuro, creata e sviluppata dalla preside Heeraman, è una vera ispirazione. La sua guida e il suo zelo nei confronti dei programmi bilingue arabi nella sua comunità continua a toccare le vite di molti bambini e famiglie che passano attraverso il programma e a cui viene permessa l'opzione di imparare e crescere in due lingue.

Nonostante le recenti avversità e le battute d'arresto di fronte agli ostacoli, la comunità madrelingua araba di New York ha guadagnato un enorme successo in seguito alla creazione di due programmi bilingue degli anni recenti. Buona parte del suo successo sta nel saldo sostegno degli amministratori scolastici, fondazioni e organizzazioni comunitarie, che permettono l'esistenza di tali programmi nell'attuale clima politico. La storia del bilinguismo arabo offre una necessaria e in qualche modo imprevista componente alla storia della Rivoluzione bilingue. Ritrae intensamente l'importanza del lavoro collaborativo di sostegno da parte di molteplici e diversi sostenitori. Sebbene fossero attivi partecipanti al programma bilingue, in questa esperienza i genitori di madrelingua araba non sono stati gli iniziatori del programma bilingue paritario. Ci volle il coinvolgimento di una intera comunità per far decollare la Rivoluzione bilingue araba.

CAPITOLO 8

La celebrazione della cultura: il programma bilingue della comunità polacca

Greenpoint, nel nord di Brooklyn, ospita il primo programma bilingue polacco-inglese della città di New York. Il programma iniziò alla PS34 nel settembre del 2015 con una classe K, e la sua espansione è programmata in modo tale da aggiungere una classe ogni anno. Per quasi un secolo e mezzo, PS34 è stata un'istituzione del quartiere di Greenpoint, un'area conosciuta per la sua vasta comunità polacco-americana, come il suo nome descrive, "Piccola Polonia". Il quartiere vanta la seconda più grande concentrazione di polacchi madrelingua negli Stati Uniti dopo Chicago,[lxiv] in parte dovuto all'abbondante flusso migratorio a New York prima dell'inizio del XX secolo.[lxv] Manhattan Avenue si trova nel cuore della Piccola Polonia, dove si possono trovare molte macellerie polacche con fili di salsiccia kielbasa, panetterie con pane tipico polacco e babkas, supermercati con sottaceti polacchi, marmellate, minestre asciutte e crauti. Con l'aggiunta del programma bilingue in polacco, PS34 è diventata un riferimento importante nella storia di Greenpoint e un simbolo della Rivoluzione bilingue a Brooklyn.

Il lancio di un programma bilingue paritario in un quartiere culturalmente e storicamente polacco a Brooklyn è stato un'importante pietra miliare sia per la comunità polacca che per l'intera città. Quando il programma fu inaugurato formalmente nel 2015 alla presenza di genitori, funzionari del comune e locali, e diplomatici, anche le stazioni giornalistiche dei telegiornali

polacchi   parteciparono   per   riportare   l'evento.[lxvi]   La
sovrintendente del distretto 14 Alicja Winnicki, anch'essa
immigrante polacca e precedente preside di PS34, si congratulò
con la preside Carmen Asselta, gli insegnanti e i genitori per la
creazione del programma nel cuore di Greenpoint. Urszula
Gacek, il Console Generale di Polonia a New York, lodò
l'offerta bilingue della scuola. Nata in Inghilterra da genitori
polacchi, con laurea all'università di Oxford, divenuta poi
senatore polacco e membro del Parlamento Europeo, il Console
Generale Gacek spiegò, "Non potevo non sostenere il
programma bilingue polacco." La creazione del programma fu
un momento di grande orgoglio per tutte le persone coinvolte—
il culmine degli sforzi di molti attivi genitori, educatori e membri
della comunità.

La forza della collaborazione

Carmen e Alicja lodarono pubblicamente i genitori della scuola
per il successo del programma. Il gruppo fondatore iniziò la
propria iniziativa con un sondaggio che misurava l'interesse per
il programma bilingue in polacco nel 2014. Una volta appurato
di avere i giusti numeri su cui basare il proprio caso, questi
genitori si misero in contatto con Carmen e le chiesero di
prendere in considerazione un programma bilingue paritario in
polacco. Julia Kotowski ricorda:

> L'idea partì dalle madri polacche durante una conversazione
> al parco. Una disse che c'era una legge che permetteva
> l'inserimento del programma bilingue a scuola. Un paio di noi si
> riunì, fece un po' di ricerca, e scrisse alla preside Asselta
> menzionando il loro comune desiderio di iniziare il programma.
> Fu allora che incontrammo Alicia Winnicki, la sovrintendente
> del distretto che presentò la nostra idea all'ufficio dell'Istruzione
> Pubblica.[lxvii]

Come le storie raccontate in molti capitoli di questo libro
dimostrano, molti programmi bilingue iniziano con campagne
dal basso, portate avanti da genitori. Comunque, l'unicità
dell'iniziativa bilingue polacca a Greenpoint consistette nello

straordinario sostegno che i genitori ricevettero dal sovrintendente del distretto, insieme all'amministrazione scolastica e agli insegnanti della PS34. Per assicurare il successo dei loro sforzi, i leader scolastici si incontrarono subito con i rappresentanti dell'ufficio degli ELL e presentarono i dati raccolti dai genitori sul numero di studenti di Greenpoint che potevano usufruire dei servizi bilingue, così come il numero di famiglie interessate. Il progetto fu subito approvato, e, grazie al sostegno della comunità e del sistema scolastico, divenne presto realtà.

Un programma definito chiaramente

Il programma bilingue alla PS34 si proponeva di fornire agli ELL e agli studenti con padronanza dell'inglese, un curriculum accademicamente rigoroso, sia in polacco che in inglese. Elizabeth Czastkiewicz, un'insegnante di polacco nella scuola materna, spiega i vantaggi dell'insegnamento formale del polacco nella sua classe:

> *I bambini sono tutti nati qui e la maggioranza parla polacco a casa. Quelli che hanno fratelli tendono a parlare in inglese quando vanno a casa, ma ora i genitori mi dicono che parlano polacco. È stato bello sentire che l'inglese non era più la lingua dominante. Sono molto più sicuri ora e lo dimostrano quando tornano nell'ambiente famigliare. A questa età i bambini delle classi K e prima vogliono far vedere alle loro famiglie e ai loro genitori, "Guarda cosa ho imparato! Questo è quello che sto imparando!" I genitori vogliono questo. Sviluppare la fiducia in sé stessi in modo tale che non si sentano a disagio nel fare un errore, è qualcosa di molto importante.*[lxviii]

Questa struttura mette in grado gli studenti di sviluppare le loro doti accademiche nella prima lingua e trasferirle alla fine alla seconda. L'obiettivo è raggiungere la comprensione, la produzione orale, la lettura e la scrittura sia in polacco che in inglese entro il completamento del programma bilingue, in quinta. Attraverso un'attenta programmazione fra insegnanti in entrambe le lingue, gli studenti crescono all'insegna del bilinguismo e sfoggiano un doppio bagaglio culturale.

Le tecniche basate sull'esperienza e il lavoro sono integrate nella classe attraverso la lettura a voce alta, il canto e il lavoro manuale, così come attraverso le gite e le presentazioni multiculturali fuori scuola. Carmen descrive un esempio di queste attività di arricchimento:

> *Il distretto ha partecipato al progetto Madlenka, ma ogni scuola ha sviluppato i propri progetti secondo la personalità dei propri studenti o la missione dei loro insegnanti. Il libro celebra il multiculturalismo e allo stesso tempo celebra la ricchezza del quartiere di Madlenka. Questa ragazzina esplora l'isolato per visitare i vicini, ognuno dei quali rappresenta una diversa parte del mondo. Le mie classi di K hanno deciso che loro avrebbero costruito il vicinato di Madlenka a Greenpoint. Questa fu la loro interpretazione: è il nostro vicinato che celebra la ricchezza del multiculturalismo di Greenpoint.*[lxix]

Per questo progetto, i bambini della classe bilingue polacca raffigurarono panetterie, negozi e case decorate con le bandiere polacche e con le figure di personalità di rispetto della cultura polacca.

Ciò detto, anche i bambini che non provenivano da famiglie di cultura polacca furono entusiasti e molto interessati a questo tipo di attività culturali. Questi bambini hanno tanto da guadagnare dal curriculum bilingue polacco. Infatti, il programma ha visto l'aumento dell'interesse al polacco fra le famiglie non discendenti. Carmen descrive l'evoluzione del programma e il suo appello ai vari gruppi genitoriali:

> *Questa classe K è molto interessante perché ci sono cinque famiglie che non sono affatto discendenti dalla Polonia, ma hanno optato per il programma polacco. Queste famiglie hanno scelto il polacco semplicemente perché vogliono esporre i loro bambini alla lingua. I loro bambini arrivano senza conoscere né parlare una parola di polacco. Si aspettano un lavoro che io definisco uno "sforzo produttivo", ossia l'apprendimento che arriva dopo un momento di grande impegno, lo sforzo produttivo. Questo è quanto vogliono le famiglie per i loro bambini.*[lxx]

La scuola ora ha una lunga lista d'attesa per la classe K bilingue polacca. Nonostante il numero chiuso, alcune famiglie hanno accettato di inserire il loro figlio nel programma, sperando di poterlo trasferire nel programma bilingue l'anno prossimo. Come comunemente succede con i programmi bilingue di successo, la domanda ha superato l'offerta, nonostante i limiti che le scuole hanno, rappresentati da regolamentazioni relative allo spazio e alle risorse. Il risvolto positivo per il programma bilingue polacco è la sua continua evoluzione per servire meglio i bisogni di una comunità polacca in espansione.

I molteplici modi per salvaguardare il patrimonio culturale

Oltre al programma bilingue, per preservare l'identità culturale e linguistica della comunità polacca, vengono regolarmente offerti corsi il sabato e nel doposcuola. Storicamente, molte famiglie polacche a New York pensavano che le scuole del sabato fossero un mezzo sufficiente per preservare la propria identità culturale, soprattutto considerando che volevano che i loro figli fossero completamente esposti all'inglese in classe. Alicia Winnicki, la sovrintendente di distretto, spiega:

> Per un periodo molto lungo, perfino quando ero preside della PS34, dove oltre il 50% degli studenti venivano da case dove si parlava il polacco, i genitori non desideravano un programma bilingue. Loro volevano che i loro figli imparassero l'inglese il più presto possibile. La comunità polacca mandava i propri figli alle scuole pubbliche per imparare l'inglese per avere successo qui, nel paese d'adozione. La lingua polacca parlata a casa, la cultura, la lingua... era questo il ruolo delle scuole del sabato. Questa tendenza ha iniziato a cambiare di recente, con le famiglie più giovani. Sono le giovani famiglie che vogliono che i loro figli abbiano la possibilità di essere in un programma bilingue e imparare le due lingue simultaneamente.[lxxi]

Questo cambio di atteggiamento presto portò ad una nuova visione strategica dei programmi bilingue polacchi e i programmi del sabato, così come al modo in cui potessero essere organizzati per servire meglio la comunità polacca. Julia Kotowski, uno dei genitori fondatori alla PS34, commenta:

> *Le scuole del sabato insegnano la cultura polacca e la storia. Questo è qualcosa che non riceveranno in classe nello stesso modo. È qualcosa che a noi veniva insegnato in Polonia. Non sostituisce lo studio accademico del polacco, ma aggiunge un altro livello. È un vantaggio del bilinguismo.*[lxxii]

I genitori iniziano a capire che le scuole del sabato erano efficaci nel mantenere legami con la loro cultura, mentre i programmi bilingue permettevano ai bambini di perfezionare sia l'inglese che il polacco seguendo un metodo strutturato e continuo. In questo modo, due classi delle istituzioni polacche e inglesi si completano l'una con l'altra fornendo un curriculum culturale e linguistico comprensivo e altamente rigoroso per le famiglie polacche.

Risultati positivi

Il programma bilingue polacco ha dato il benvenuto a bambini dai molteplici contesti culturali. Grazie alla diversa e robusta comunità di polacchi a New York, il programma bilingue accomoda sia le famiglie polacche immigrate recentemente, sia coloro che discendono da famiglie polacche di seconda, terza o quarta generazione, desiderosi di riconnettersi con le proprie radici. Carmen descrive la creazione e il successo del suo programma nei seguenti termini:

> *Abbiamo genitori che sono polacchi di prima generazione, genitori che sono nati qui e genitori che immigrarono quando erano ancora neonati e non hanno alcuna memoria della vita in Polonia. Abbiamo bambini con nonni polacchi a cui non è mai stato insegnata la lingua. Hanno la possibilità di imparare la loro lingua madre, cosa che possono fare a scuola.*[lxxiii]

L'abilità del programma bilingue di connettere generazioni di comunità attraverso l'istruzione è una delle caratteristiche più forti e originali. Attraverso un rinnovato impegno nei confronti dell'istruzione culturale in un programma bilingue, le relazioni con i membri famigliari una volta inaccessibili o distanti possono approfondirsi in maniera notevole. Questo apre altri mondi possibili alle famiglie, permettendo alle comunità di immigranti di preservare i legami fra più generazioni e legare i propri bambini alle proprie tradizioni, culture e antenati.

Per mezzo di tutto ciò, i legami di questa comunità polacca così unita si sono solo rafforzati con il programma bilingue. La vibrante vita comunitaria, le imprese, i centri culturali e le organizzazioni culturali come la Dobra Polska Szkola, che ha giocato un ruolo significativo nel sostenere la Rivoluzione bilingue polacca, hanno mostrato un incredibile sostegno per l'impresa bilingue e provato un legittimo interesse nel sostenere la successiva generazione di polacchi americani. Alicia spiega il legame che sente per le sue radici polacche in questo modo:

Abbiamo un senso forte di appartenenza e un forte legame con la nostra storia, le nostre battaglie come nazione e quello che ci ha tenuto insieme. Frequento sempre una libreria polacca a Greenpoint, solo per mantenermi a contatto e immergermi nella letteratura, cultura, e poesia. Mia figlia ascoltava suo padre recitare lunghe poesie a memoria; era esposta a queste radici che ci hanno formato e hanno determinato quello che noi siamo. È parte della nostra cultura, e so quanto questo legame sia forte per la comunità polacca.
lxxiv

La toccante testimonianza di Alicja sottolinea l'importanza dell'esperienza di provenienza e cultura vissuta. Momenti teneri dedicati alla letteratura o agli scambi con famiglie e amici giocano un ruolo nel modo in cui ogni famiglia, bambino e individuo sentono la propria cultura.

La comunità di Greenpoint è estremamente fortunata ad esser riuscita a preservare e celebrare le proprie radici polacche, ed è un esempio per il resto del paese e del mondo di come coltivare una vita multiculturale. Il programma bilingue è il testamento all'orgoglio comunitario nell'eredità culturale e desiderio di passare le tradizioni linguistiche e culturali alla successiva generazione di polacchi americani. Le comunità multiculturali che crescono sane sono partner eccellenti per i programmi bilingue, che a loro volta producono studenti bilingue altamente competenti e bi-culturali. Insieme, quartiere per quartiere, queste alleanze costituiscono le basi per una duratura rivoluzione bilingue che sostiene preziosi patrimoni linguistici e culturali e arricchisce le comunità scuola dopo scuola.

CAPITOLO 9

L'apertura della strada: i pionieri dell'istruzione bilingue spagnola

Lo spagnolo è la seconda lingua parlata a New York, una città dove quasi un quarto dei residenti sono di madrelingua spagnola. Di conseguenza, molti programmi bilingue a New York, sia quelli nuovi che quelli offerti da tempo sono in spagnolo e inglese. I programmi spagnoli si sono diffusi rapidamente, spesso sviluppandosi in quartieri con un alto numero di studenti che imparano l'inglese come seconda lingua. Ma i propositi dei programmi bilingue spagnoli vanno ben oltre i propri madrelingua, e comprendono studenti di varie formazioni e abilità. La Rivoluzione bilingue spagnola rappresentò l'avanguardia della Rivoluzione bilingue e oggi oltre 10.000 bambini frequentano i programmi bilingue nell'intera città di New York. Molto del successo dei programmi bilingue di oggi è dovuto all'attivismo di coloro che hanno incoraggiato i programmi spagnoli a New York, così come alla creatività ed al sostegno zelante di educatori e amministratori. Il racconto di come l'adozione di tali programmi sia stata motivata dalla volontà di servire meglio la comunità ispanofona è allo stesso tempo fonte di ispirazione e motivazione, e illustra sino a che punto l'istruzione bilingue è arrivata nel giro dei recenti decenni.

Gli inizi

È facile pensare ai programmi bilingue come una creazione del passato recente. In realtà, la promessa del bilinguismo, doppia istruzione e culturalismo tipica dei programmi odierni

81

assomiglia fortemente a ciò che gli attivisti portoricani ed educatori degli anni sessanta speravano quando si attivarono per l'ottenimento dei primi programmi bilingue. Ofelia Garcia spiega:

Il bilinguismo, se perseguito adeguatamente, è precisamente quello che inizialmente la comunità portoricana avrebbe voluto per i propri figli. Questi genitori chiedevano un'istruzione che fosse veramente bilingue, a prescindere dalle caratteristiche linguistiche.[lxxv]

Ad ogni modo, sebbene questi primi attivisti desiderassero dei programmi bilingue, in modo da poter crescere i propri figli in entrambe le lingue, spagnolo e inglese, ciò non fu inizialmente possibile. In effetti, la storia dell'istruzione bilingue a New York e negli Stati Uniti, resa complessa dalle battaglie sociali e politiche, produsse esiti diversi nelle aule scolastiche. Il dibattito su cosa sia o cosa dovrebbe essere l'istruzione bilingue continua ai giorni nostri, e frequentemente si intreccia con le accese discussioni sull'immigrazione e integrazione della comunità ispanofone negli Stati Uniti. Garcia descrive le tensioni latenti di quel periodo e l'impatto sull'istruzione bilingue spagnola:

L'istruzione bilingue in quel periodo stava in una diversa dimensione. La città allora era soprattutto portoricana. Tutti parlavano spagnolo e il dibattito era politicizzato. Questi avanguardisti volevano un programma bilingue che avrebbe soddisfatto la comunità nella sua interezza, non solo coloro che non parlavano inglese. I programmi in auge divennero subito irrilevanti, in quanto la comunità divenne completamente anglofona e perciò non poteva usufruirne. Crebbe da subito la tensione fra ciò che le comunità volevano e ciò che le autorità scolastiche erano disposte a investire in termini di tempo e energie, e poi, una volta che questo movimento per il bilinguismo ebbe inizio, ci fu la consapevolezza dell'esclusione.[lxxvi]

Invece di classi bilingue su cui sviluppare padronanza dell'inglese e dello spagnolo, i programmi bilingue offerti agli ispanofoni sin dal loro avvio erano stati concepiti in larga parte per promuovere la conoscenza di una sola lingua e il perfezionamento dell'inglese. Questi programmi venivano offerti solo a studenti che non parlavano inglese con scioltezza e utilizzavano lo spagnolo solo come strumento per insegnare inglese, escludendone l'accesso ai tutti quegli studenti ispanofoni madrelingua che erano nati negli Stati Uniti e che risultavano competenti in inglese.

Tuttavia, un'ondata di cambiamento attraversò il settore dell'istruzione bilingue. Si iniziò a pubblicare una ricerca che sottolineava i benefici dell'istruzione bilingue quando impartita in entrambe le lingue. Gli attivisti bilingue raggiunsero posizioni di prestigio all'interno dei distretti scolastici e amministrativi della città di New York, promuovendo i problemi bilingue come priorità politica. Carmen Dinos, Professore Emerito di pedagogia che aprì la strada all'istruzione bilingue, riuscì a creare i primi programmi scolastici bilingue nella scuola pubblica di New York tra gli anni sessanta e settanta. Ci spiega così la sua esperienza durante quel periodo decisivo nella storia dell'istruzione bilingue:

> *Verso la fine del movimento dei diritti civili, l'ufficio bilingue era strutturato come parte del provveditorato agli studi, diretto da Hernan LaFontaine, il precedente preside della prima scuola bilingue PS25 del Bronx. Lavoravano con l'intero territorio comunale a livello politico. Fu allora che capii come l'istruzione fosse così fortemente legata alla politica. Il campo fiorì nello stesso momento; sempre più ricercatori in Canada erano in grado di offrire le prove dei benefici dell'istruzione bilingue. Improvvisamente, non era più una velleità. Era la prova inconfutabile che faceva bene ai bambini.[lxxvii]*

Gli amministratori scolastici inoltre iniziarono rispondere alla moda del "dual-language" che imperversava nella nazione, nascondendo il termine "bilingue", che era stato caratterizzato da un contesto negativo. Ofelia Garcia descrive la logica e la strategia del preside che risultò fondamentale per implementare un programma simile nella sua scuola:

> *Allora c'erano pochi luminari. Uno era Sid Morrison, il preside di PS84. Fu sua l'affermazione che risale alla metà degli anni ottanta:*

"Quello che abbiamo non va bene. La comunità è cambiata; non è più monolingue spagnola e si è imborghesita velocemente. Dobbiamo creare un programma per tutti coloro che vogliono farne parte." Per prendere le distanze dai programmi bilingue transizionali, Sid Morrison trovò il termine di *"dual-language"*, che iniziava a diffondersi nel paese.[lxxviii]

Questa strategia funzionò. Con l'aiuto di educatori, amministratori e genitori dediti, i programmi bilingue di spagnolo decollarono nell'intera città di New York. Durante la stesura di questo libro, 45 scuole al servizio di oltre 10.000 studenti nell'intera città, offrono programmi bilingue di spagnolo a partire dalla classe K alle superiori.

L'amministrazione del precedente Provveditore agli Studi Carmen Fariña mise un'enfasi nuova nello sviluppo di programmi di istruzione bilingue. La vice Milady Baez descrive la filosofia del ministero in merito all'istruzione bilingue in questo modo:

Comprendiamo che l'istruzione bilingue ha una storia negli Stati Uniti. Non è sempre stata positiva. Molti gruppi hanno dovuto combattere con fatica. Abbiamo dovuto convincere genitori del bisogno di istruire i loro figli in più di una lingua. Sappiamo che i bambini hanno potenzialità; hanno la capacità di trasferire la conoscenza da una lingua all'altra. Sappiamo che quando i nostri studenti parlano più di una lingua, riescono a fare meglio di quegli studenti che ne parlano solo una.[lxxix]

Questo tipo di sostegno onnicomprensivo nei confronti dell'istruzione bilingue da parte delle alte cariche amministrative è piuttosto forte, in quanto questi leader hanno fra le mani la soluzione alla creazione di programmi bilingue di successo.

La stessa Milady, madrelingua spagnola, ha un profondo legame con il settore dell'istruzione bilingue. Passata dal non essere in grado di capire la lingua scolastica in classe da piccola, non appena arrivata negli Stati Uniti, Milady Baez arrivò a diventare insegnante bilingue a New York e più tardi divenne preside scolastico a Jackson Heights, Queens. Nel Queens Milady fu in grado di creare quella che chiamò la sua "scuola dei sogni" dove aprì programmi di arricchimento bilingue e programmi bilingue in spagnolo, così che, per usare le sue parole "ogni studente e famiglia potesse la possibilità di accedere al programma di istruzione che desideravano così tanto."

Attualmente, come Vice Provveditore all'istruzione, Milady è alla guida della gestione e creazione di programmi per gli English Language Learners. Incoraggia costantemente i genitori a combattere per ottenere i programmi di istruzione bilingue nelle scuole pubbliche. Per raggiungere i loro obiettivi, qualche volta basta solo chiedere, come Milady afferma:

> *I genitori sono la forza nel nostro sistema educativo. Molti genitori non sanno che se si uniscono e chiedono questi programmi, i presidi hanno la responsabilità di crearli nelle loro scuole.*[lxxx]

Le forti alleanze che si creano con gli educatori e amministratori come Milady spesso iniziano da movimenti che partono dai genitori, e da una semplice richiesta. Il caldo e ricettivo benvenuto di Milady ai programmi bilingue e alle opportunità per gli studenti di varia formazione linguistica, il suo impegno nel servire la popolazione studentesca in modo coerente ai loro bisogni e obiettivi, è un eccellente esempio del ruolo positivo che gli amministratori possono giocare nella Rivoluzione bilingue.

Alcuni esempi illuminanti

Fra la miriade di programmi bilingue di spagnolo che esistono ancora oggi, c'è quello della PS133 a Brooklyn. In tale scuola, la prima classe K (materna) del programma di spagnolo-inglese aprì nel 2012. Data l'incredibile diversità del mondo ispanofono, i bambini che partecipano al programma della PS133 attingono dalla lunga storia e relazione fra la comunità ispanica e l'intera città di New York. Seguendo un modello 50/50, metà degli studenti sono anglofoni e metà ispanofoni, metà della loro istruzione giornaliera in tutte le materie viene impartita in spagnolo e l'altra metà in inglese. L'anno scorso, PS133, insieme a quattordici altre scuole di New York City, venne indicata come

Modello del Programma Bilingue dal precedente Provveditore agli Studi Carmen Fariña.[lxxxi]

La scuola bilingue Amistad venne fondata da un gruppo di insegnanti e genitori con a capo Elia Castro, un educatore bilingue con il sostegno di Lydia Bassett, la precedente preside della scuola W.Hayward Burns, e un'organizzazione non profit di nome New Visions for Public Schools, che lavora per rivitalizzare e migliorare le scuole pubbliche di New York. Amistad ha aperto le attività nel nord Manhattan nel 1996 e impartisce agli studenti di Washington Heights, Hamilton Heights e Inwood, un curriculum bilingue spagnolo-inglese ad entrambi i gruppi di inglese e spagnolo come prima lingua. Il principio di base da Amistad è che i bambini acquisiscono una seconda lingua nello stesso modo in cui acquisiscono la prima. Gli insegnanti utilizzano molte strategie per l'inglese come seconda lingua (ESL) per insegnare spagnolo come seconda, che risultano efficaci a prescindere dalla lingua madre del bambino. La scuola adotta un approccio educativo multidisciplinare offrendo un programma comprensivo di musica, danza, arti visive e teatro oltre alle materie standard tradizionalmente offerte. Attraverso il loro approccio pratico e con l'apprendimento basato sui progetti, Amistad promuove la creatività e coltiva la curiosità intellettuale fra i suoi studenti—il tutto durante l'apprendimento della competenza linguistica e il raggiungimento di alti standard di successo accademico. La dichiarazione della missione scolastica esprime l'approccio unico nei confronti dell'istruzione bilingue:

> *La scuola bilingue Amistad è una comunità di studenti che valorizza il percorso individuale di ogni studente. Insieme coltiviamo un senso di responsabilità comune e solidarietà attraverso la celebrazione della cultura, lingua e diversità. I nostri figli andranno avanti, sempre pronti ad affrontare le esigenze accademiche e sociali della comunità allargata e beneficiando della magia della scoperta e della forza di due lingue. La nostra politica di distribuzione linguistica varia di classe in classe per permettere sia l'acquisizione della lingua parlata che di quella formale.* [lxxxii]

Amistad è stata classificata come una scuola a cinque stelle da Great Schools, un portale in rete, che riporta la prestazione e informazione scolastica in tutto il territorio nazionale. Il record di comprovato successo accademico fra gli studenti bilingue è la primaria ragione che attira l'interesse delle famiglie. Secondo Miriam Pedraja, la precedente preside di Amistad, entro la classe terza, circa il 70% degli studenti di lingua spagnola che sono nella scuola dalla classe K è diventato ugualmente esperto sia in inglese che in spagnolo. [lxxxiii]

La scuola Cypress Hills Community School di Brooklyn ha un diverso approccio. Offre un programma bilingue spagnolo ibrido in un ambiente che è sia scolastico che comunitario. Nel 1997, con il sostegno di New Visions for Public Schools, la scuola venne fondata da genitori e dalla Cypress Hills Local Development Corporation. La forte leadership è l'elemento caratteristico della scuola, come evidenziato dal fatto che Maria Jaya, lei stessa un genitore della scuola, lavora come co-preside. Ricorda come lei ed altri genitori abbiano lottato per l'istruzione dei loro figli:

La rivoluzione iniziò trent'anni fa, ma il programma originale venne concretizzato solamente dieci anni dopo. I nostri figli erano in un programma chiamato "bilingue" ma i programmi non erano ben disegnati o ben preparati. Alcuni insegnanti non avevano le giuste certificazioni. I genitori non avevano le informazioni giuste. Il metodo che ho utilizzato per incoraggiare le iscrizioni al programma non era basato sui loro bisogni, ma sul loro nome latinoamericano. Le riunioni fra i genitori erano tutte in inglese, così chiedemmo un interprete. Infine, iniziarono a tradurre ma mandarono coloro che avevano richiesto i servizi di traduzione in una zona dell'aula separandoli dagli altri genitori. Questo mise molta responsabilità a coloro che traducevano e i genitori faticavano nel dare la loro opinione dalla loro postazione. Questa fu la nostra prima battaglia: volevamo partecipare e volevamo essere parte dell'istruzione dei nostri figli, ma non avevamo le opportunità né i mezzi per realizzarla. Presto, gli insegnanti notarono questo gruppo di genitori che voleva davvero un cambiamento e iniziarono a passarci le informazioni.[lxxxiv]

La storia della Cypress Hills fa eco ai problemi che l'istruzione bilingue spagnola dovette affrontare a New York, quando i genitori chiesero dei programmi bilingue che emancipassero le loro comunità in entrambe le lingue. Ci volle persistenza e molto coraggio per richiedere i servizi e i programmi che volevano e si meritavano, soprattutto dopo che per anni l'offerta non incontrava le aspettative della comunità ispanofona.

Ma gli ostacoli che la Cypress Hills dovette affrontare non riguardavano solo la classe o le riunioni. Durante i primi tredici anni di attività, la Cypress Hills Community School operava dentro gli edifici di altre scuole e senza una sede permanente. Cypress Hills non aveva accesso alla palestra, non aveva la sua biblioteca e l'auditorium, ed era sovrappopolata—con molte sezioni dentro una struttura prefabbricata. Nel 2010 la scuola si trasferì in un nuovo edificio, costruito dopo anni di lavoro intenso portato avanti da genitori, studenti e dalla comunità di Cypress Hills, così come dai rappresentanti politici. Alla fine, il sostegno del comune, dell'assessorato all'istruzione e dell'ente per l'edilizia scolastica fu fondamentale nel creare uno spazio che riflettesse le richieste degli studenti, genitori e insegnanti. La scuola—dopo tanto lavoro—ha ora classi adeguate al programma, disegnate con criterio e dotate di tecnologia aggiornata, una serra, un laboratorio di scienze, una biblioteca spaziosa e ben fornita, spazi dedicati alle arti, una mensa in stile tavola calda e una palestra.[lxxxv]

La scuola continua a crescere e offre opportunità educative di arricchimento bilingue in molti modi. Il centro di apprendimento di Cypress Hills offre l'estensione di un giorno alla settimana per fornire un arricchimento innovativo e istruzione differenziata in arte, danza, musica, sport, risoluzione dei conflitti e sostegno accademico. La scuola collabora con organizzazioni come Young Audiences New York e il Conservatorio di Musica di Brooklyn Queens. I programmi e iniziative di Cypress Hills rappresentano un modello esemplare per altri interessati a creare i propri programmi di arricchimento bilingue.

Questi programmi bilingue spagnoli servono come fonte di ispirazione per i futuri pionieri dell'istruzione bilingue, per spingere i limiti e creare opportunità per i loro bambini di diventare bilingue o mantenere il loro bilinguismo. Sin dall'inizio, tali programmi hanno creato la strada per i programmi bilingue nazionali e sono stati costantemente all'avanguardia in fatto di evoluzione e avanzamento dell'istruzione bilingue. Senza la determinazione, l'impegno e l'ispirazione dei genitori ed educatori innovatori che hanno preteso il rispetto dei loro diritti di ottenere programmi bilingue che educhino il bambino, non ci sarebbe una rivoluzione bilingue oggi.

CAPITOLO 10

I fuoriclasse: la scuola superiore di bilinguismo e studi asiatici

Quando i genitori ed educatori bilingue cercano modi per migliorare le loro scuole, soddisfare i bisogni degli studenti e reagire di fronte alla cultura educativa basata sui test, molti nel campo potrebbero chiedersi quale potrebbe essere il giusto percorso. Spesso, i programmi bilingue crescono organicamente e senza molta uniformità, praticamente "reinventando la ruota", ossia facendo la stessa cosa ogni volta che un programma viene creato. Una volta capito ciò, è essenziale promuovere la condivisione della conoscenza, creare standard, fornire risorse e materiali curricolari, e assicurare che le pratiche di insegnamento siano allineate con quei programmi bilingue di successo. Per continuare la Rivoluzione Bilingue e diminuire la sostanziosa quantità di lavoro che si crea inevitabilmente con la realizzazione di nuovi tipi di offerte educative, è ugualmente importante imparare da quelle scuole progressive che hanno già sviluppato le proprie risorse e creato un percorso verso il successo.

Un modello esemplare

La Scuola Superiore di Bilinguismo e Studi Asiatici spicca come esempio dal quale si può imparare molto. Fondata nel 2003, la scuola è un'istituzione altamente competitiva con una popolazione studentesca costituita sia da anglofoni che da studenti la cui madrelingua è il mandarino. La scuola è situata nella parte meridionale di Manhattan, al quinto piano di un edificio scolastico vecchio, e serve oltre 400 studenti che vengono da famiglie che parlano inglese, spagnolo, bengali, e una combinazione di dialetti cinesi, incluso il mandarino, cantonese, taosonese, fuzhonese, shanghainese e wenzounese. La scuola superiore è di comprovata eccellenza in inglese e matematica, oltre ad altre materie. Nonostante la sua relativamente alta proporzione di bambini svantaggiati economicamente, la scuola continua a piazzarsi in modo competitivo nelle classifiche delle verifiche obbligatorie statali e in quelle che monitorano la preparazione per l'università.[lxxxvi] Nella definizione contenuta nella propria dichiarazione di intenti, la scuola è:

> *Dedita a fornire istruzione di qualità e guida per promuovere lo sviluppo accademico e sociale dei nostri studenti così come la loro capacità linguistica, apprezzamento culturale e consapevolezza.[lxxxvii]*

Ma soprattutto, dato che la vasta maggioranza dei programmi bilingue finisce bruscamente dopo la quinta, questa scuola occupa una posizione unica, essendo una delle rare scuole superiori pubbliche che offre un programma bilingue negli Stati Uniti.

La Scuola Superiore di Bilinguismo e Studi Asiatici è fra le scuole citate in "Schools to Learn From," un noto studio intrapreso dall'università di Stanford con il sostegno della Carnegie Corporation di New York. Nel loro studio, gli autori fecero una profonda analisi del programma bilingue per capire come mai questa scuola in particolare riuscisse eccezionalmente bene a preparare i propri studenti per l'università e le future carriere. Nelle loro interviste con gli studenti scolastici, genitori ed educatori, i ricercatori evidenziarono l'"impegno senza sosta nei confronti degli studenti, la valorizzazione dei loro punti di forza e l'attenzione ai loro bisogni."[lxxxviii]

Le lodi fatte dagli autori sono legittimate dall'impegno deciso della comunità scolastica nel dimostrare di essere una forza riconosciuta nel campo dell'istruzione bilingue. Il loro lavoro senza sosta e la spinta a raggiungere il successo hanno conferito alla scuola una fama nazionale e internazionale che testimonia indirettamente i loro sforzi.

La nascita di un programma unico

Ron Woo, professore di legislazione scolastica e consulente dei programmi al Centro Metropolitano NYU per la Ricerca su Equità e Trasformazione Scolastica, guidò lo sviluppo della Scuola Superiore di Bilinguismo e Studi Asiatici con l'allora Provveditore agli Studi dell'istruzione Joel Klein. Ron ricorda:

> *Nel 2003 il Provveditore mi chiese di aiutarlo a mettere insieme un programma innovativo. Io suggerivo una scuola bilingue negli edifici di quella che era Seward Park High School, una scuola grande ma inefficace. In quel periodo si era appena insediata l'amministrazione Bloomberg, e le scuole con rendimenti inferiori alle previsioni, venivano chiuse. Il problema era che avevano creato delle scuole piccole, dimenticandosi di crearne una per l'alto numero di immigranti cinesi a Seward Park. Ci siamo incontrati e ho detto, "Perché non proviamo con un programma cinese bilingue? Sarebbe un'attrazione per la popolazione di immigrazione cinese, e ci sarebbero altri in arrivo che imparerebbero il cinese come lingua straniera.*[lxxxix]

La proposta scolastica per gli studenti immigranti cinesi ricevette pieno sostegno da parte del Provveditore e fu la prima del suo tipo nella nazione. I fondatori avevano l'incarico di identificare risorse per la creazione della scuola e si incontrarono con l'Istituto Cinese in America [xc] e la Società Asia di New York [xci] che assistette alla programmazione del curriculum. Il gruppo assunse Li Yan, l'attuale preside, che trasformò il concetto in quello che ora è la Scuola Superiore di Bilinguismo e Studi Asiatici.

La scuola è all'avanguardia nel campo dell'istruzione secondaria bilingue. Questi tipi di scuole superiori preparano per l'università e forniscono una continuità multilingue altamente necessaria per quei programmi bilingue che caratterizzano le scuole elementari e le scuole medie. La Scuola Superiore di Bilinguismo e Studi Asiatici è ora affermata e molto stimata, e poche persone ricordano la difficoltà nel convincere le famiglie ad iscriversi al programma quando la scuola aprì i battenti. Il preside Li Yan ricorda :

> *La gente ha bisogno di abituarsi all'idea di scuole nuove. I genitori dicevano, "La tua scuola è nuova! Perché mandare i bambini qui? Tu non hai niente da mostrarmi qui." Ho avuto molti problemi con genitori che rifiutavano di mandare i propri figli da noi. È stato molto difficile durante i primi tre o quattro anni in quanto non avevo niente da far vedere a chi mi chiedeva risultati. Tutto stava nel convincerli. Qualsiasi cosa facevamo a scuola, lo mostravamo ai genitori. Chiedevamo ad ogni studente di presentare il proprio lavoro, e fu quello che convinse molti genitori. Quattro anni dopo il primo diploma, iniziammo a costruirci la nostra reputazione.[xcii]*

È interessante ripensarci ora e vedere i passi fatti dalla scuola. I commenti del preside Li Yan mostrano un'importante dinamica che ostacola la creazione dei programmi bilingue: la paura di ciò che non si conosce. Questo diventa più evidente quando gli studenti crescono, soprattutto a livello di scuola superiore, e le famiglie si preoccupano maggiormente di fare la scelta scolastica giusta, che prepari i loro studenti per il competitivo iter delle domande di ammissione universitaria. Comunque, come in ogni esperienza bilingue di successo, la paura diminuisce quando i genitori diventano più consapevoli dei molti benefici dell'istruzione bilingue. Come provato da Yan, i suoi colleghi, i suoi studenti e le sue famiglie, la Scuola Superiore di Bilinguismo e Studi Asiatici non è altro che un successo.

Un curriculum culturale e linguistico

A differenza di altre città, la selezione di scuole superiori a New York è un processo aperto, durante il quale ogni studente di scuola media può scegliere sino a dodici scuole da una lista fornita dal Ministero dell'Istruzione. Per essere accettati dalla Scuola Superiore di Bilinguismo e Studi Asiatici, non è necessario che gli studenti parlino sia il cinese che l'inglese, grazie al fatto che la scuola ha due diversi percorsi: uno per gli anglofoni e uno per gli studenti di madrelingua cinese. Pertanto, alcuni studenti iniziano la loro immersione linguistica in età adulta. Il Professore Ron Woo descrive gli obiettivi ambiziosi del programma in questo modo:

> *Il modello venne sviluppato con la consapevolezza che gli studenti sarebbero stati completamente bilingue al termine del programma. Coloro che hanno iniziato senza sapere il cinese avrebbero avuto l'opportunità di recuperare nel giro di quattro anni. Gli studenti di madrelingua cinese erano già bilingue, o quasi, perchè erano studenti immigrati. Entro l'inizio del secondo anno, con molta probabilità i due gruppi potevano stare già nelle stesse classi. Emerge una gamma di livelli linguistici, che crea una certa tensione, ma è meglio di niente.*[xciii]

Come sottolinea il Professore Woo, questa veloce transizione attraverso la scuola superiore, dal mono al bilinguismo è un obiettivo nobile, sebbene talvolta faticoso. Dare agli studenti l'opportunità di iniziare e diventare competenti in una seconda lingua alle scuole superiori, così come succede nella Scuola Superiore di Bilinguismo e Studi Asiatici, è un incredibile traguardo.

La formazione educativa di entrambi i gruppi cinese e anglofono a scuola è assai varia. Alcuni cinesi madrelingua sono nati in Cina e hanno fatto le scuole elementari e medie lì prima di trasferirsi negli Stati Uniti per completare la loro istruzione alle superiori. Altri sono nati negli Stati Uniti, si sono trasferiti in Cina da piccoli, e sono ritornati in America per completare le loro carriere scolastiche alle superiori. Gli studenti che sono competenti in inglese variano come formazione anche dal punto di vista delle competenze in lingua cinese; fra questi vi è un gruppo di studenti che in precedenza erano English Language Learners. La scuola serve anche studenti la cui prima lingua è l'inglese e non hanno alcuna precedente competenza in cinese. Questo gruppo è attirato dal programma per via del loro interesse personale per la lingua e cultura cinese, così come per il curriculum bilingue promosso dalla scuola.

La Scuola Superiore di Bilinguismo e Studi Asiatici offre ai propri studenti un curriculum sfaccettato. Oltre alle loro materie, tutti gli studenti studiano mandarino per quattro anni, o come lingua madre o come seconda lingua. I madre lingua inglese frequentano un periodo doppio di cinese ogni giorno per permettere loro di passare gli esami richiesti "Chinese Regents" e "Advanced Placement (AP)", oltre ai cinque altri esami che uno studente deve passare per ottenere un diploma New York State Regents con lode. Gli insegnanti lavorano insieme ai consulenti e i coordinatori dei genitori per aiutare gli studenti a selezionare i corsi e offrire sostegno agli studenti che ne hanno bisogno.

La maggior parte degli studenti della scuola superiore viene da famiglie di recente immigrazione, che vivono negli Stati Uniti da meno di dieci anni. Questi allievi hanno bisogno di servizi supplementari per rendere sicuro il loro successo accademico considerando le barriere linguistiche e la sfida rappresentata dall'integrazione in una nuova cultura. Per aiutare a superare questi ostacoli, questi studenti e le loro famiglie ricevono risorse scritte in inglese, cinese, bengali e spagnolo. Il personale si spinge oltre le proprie mansioni, quando ciò è possibile, dal momento che il preside, la segretaria, la consulente scolastica e diversi insegnanti—tutti bilingue—sono in grado di tradurre qualsiasi risorsa scolastica che non sia scritta in entrambe le lingue.

La scuola offre inoltre un'esperienza scolastica arricchita, mettendo in evidenza un curriculum accademico rigoroso per studenti di formazione culturale e socioeconomica diversa, in inglese e cinese. Thalia Baeza Milan, studentessa dei primi anni alla scuola, parlava già inglese e spagnolo quando è arrivata negli Stati Uniti tre anni fa dalla Guyana (Sud America), ed era entusiasta all'idea di imparare cinese alla Scuola Superiore di Bilinguismo e Studi Asiatici. Ecco le sue parole a questo proposito:

> *L'esperienza scolastica mi ha aiutato ad apprezzare culture diverse e di risolvere le difficoltà—come la confusione delle parole che significano "pollo fritto" e "acrobata". So cosa fare per gestire le sfide e anche come sentirmi a mio agio in un ambiente nel quale non sono mai stata prima. Questo è qualcosa che mi sarà utile.*[xciv]

Thalia si riferisce allo "sforzo" produttivo inseparabile dell'apprendimento delle lingue, che molti bambini bilingue finiscono con l'apprezzare. Questo processo di confusione linguistica, talvolta difficoltoso, talvolta divertente—a cui Thalia si riferisce—genera un apprendimento profondo, forma un impegno autentico ed enfatizza la costruzione della comprensione, che si può utilizzare nelle strategie di vita quotidiana.

Inoltre, la scuola introduce gli studenti ad una varietà di culture asiatiche mantenendo un obiettivo primario verso la Cina. Quando gli studenti non sono impegnati in un programma accademico rigoroso, possono partecipare in club, dal cinema all'informatica, a sport come il badminton e la lotta libera. Per prepararsi all'università, gli studenti hanno molte opportunità per ottenere crediti universitari, visite ai campus e bandi per l'ottenimento di borse di studio.

Alcuni studenti partecipano perfino ad un programma di istruzione presso la loro scuola il sabato. Il programma include educazione fisica ed extra lezioni di inglese come seconda lingua, e serve circa 150 studenti ogni settimana.[xcv] Inoltre permette agli studenti di accedere allo spazio per poter completare compiti o relazioni, in quanto potrebbero non avere quello spazio o quell'ambiente per lavorare in maniera produttiva a casa. Questo approccio ha dimostrato la sua efficacia nel migliorare l'impegno e la partecipazione scolastica o accademica.

L'impatto a lungo termine

La storia della Scuola Superiore di Bilinguismo e Studi Asiatici è, per la Rivoluzione bilingue in generale, una storia piena di risvolti. Proviamo ad immaginare la gamma di opportunità che potrebbero scaturire dalle scuole superiori bilingue, a continuazione degli incredibili successi dei programmi delle elementari e delle medie che già esistono, e che sono al servizio di una popolazione di studenti completamente bilingue. Non esiste alcun limite per questi programmi di scuola superiore; la Scuola Superiore di Bilinguismo e Studi Asiatici è solo l'inizio.

Non c'è ragione per cui la Rivoluzione bilingue debba fermarsi alle elementari. L'inclusione dei programmi bilingue nell'istruzione superiore offre ai nostri figli l'opportunità di diventare individui multilingue, pronti ad entrare nella grande arena accademica e professionale, con gli strumenti di cui hanno bisogno per avere successo. La storia della Scuola Superiore di Bilinguismo e Studi Asiatici è la storia di un successo senza precedenti suscettibile di essere riprodotto nelle scuole superiori di tutto il paese e nel mondo. La Rivoluzione bilingue ha il potere di toccare le vite dei bambini, adolescenti, giovani sino alla maturità e oltre. Sta a noi fornire loro le opportunità per riuscirci.

CAPITOLO 11

Piano d'azione per la creazione del proprio programma bilingue

Il seguente capitolo offre un piano d'azione a quei genitori interessati alla creazione di un programma bilingue in una scuola pubblica. Il tema centrale di questa strategia e del libro si basa sull'impatto che i genitori hanno sulla propria comunità grazie alla creazione dei programmi bilingue, a prescindere da dove questi vengano realizzati. Questi programmi possono migliorare le scuole e responsabilizzare le comunità come mai prima, grazie all'impegno dei gruppi genitoriali. L'informazione che viene presentata nelle pagine seguenti aiuterà i genitori ad organizzarsi, costruire una proposta forte e ispirare altri ad unire le loro iniziative durante il percorso.

Il piano d'azione è un percorso che si indirizza a genitori ed educatori, e può essere usato come guida. Offre i dettagli su come mettere insieme sessioni informative, organizzare gruppi di volontari, preparare una base logica per presidi ed insegnanti, sviluppare strategie, sondare la comunità, identificare le potenziali famiglie interessate ad iscrivere i loro bambini nel programma bilingue, e lavorare efficientemente con tutti gli attori per far si che il progetto decolli. Un conciso piano d'azione si trova nell'appendice e può essere scaricato dal sito web ufficiale di questo libro.[xcvi] I suggerimenti e le strategie offerte in questo libro non sono affatto esaustive in ragione delle differenze innumerevoli che separano distretti scolastici e comunità linguistiche. Pertanto, i genitori dovrebbero creare il loro piano d'azione, facendo i necessari aggiustamenti in modo da adattarlo ai bisogni della propria comunità. Il piano originario, che ha ispirato questo libro, venne scritto da genitori per genitori circa

99

dieci anni fa, per condividere il loro efficace approccio, nella speranza che i loro suggerimenti fossero d'aiuto nella realizzazione di nuovi programmi bilingue nelle scuole pubbliche.[xcvii] Molti dei gruppi genitoriali e iniziative che hanno seguito la strategia qui presentata, vengono proposti in questo libro.

Il programma d'azione è diviso in 3 fasi: la prima introduce i modi per creare un nucleo di famiglie interessate (base genitoriale) attraverso la presenza comunitaria e i comitati organizzativi; la seconda condivide strategie che sviluppano una ragione forte per il programma bilingue e per la sua presentazione ad una possibile arena scolastica; la terza fase, infine, si concentra sull'implementazione e la pianificazione del programma bilingue affinché diventi efficace dal primo giorno di scuola.

Prima fase: raggiungere la comunità

Creare una base di famiglie interessate

Il primo passo nel processo di creazione del programma bilingue sta nel formare una base di famiglie interessate. Data la natura del compito, che parte dal basso ed è interamente gestito dai genitori, è indispensabile creare un forte gruppo di famiglie che prendano seriamente in considerazione l'idea di iscrivere i propri figli al programma bilingue, che si impegnino a sostenere, nonostante le difficoltà eventuali. Da quel momento in poi quel genitore può considerare se stesso un impresario multilingue, con una dedizione all'istruzione bilingue e una disponibilità a creare contatti con moltissime persone.

Se si inizia questa impresa puntando su una lingua in particolare, il passo successivo sarà quello di trovare genitori che condividono questo stesso interesse. Si può iniziare a formare un nucleo di genitori conosciuti e di cui si ha fiducia. Questi sono i genitori che parteciperanno alla visione condivisa anche se non hanno bambini che trarranno benefici da questa iniziativa. Un buon esempio dell'efficacia del nucleo di partenza è l'iniziativa per il sostegno del programma bilingue giapponese, presentato nel secondo capitolo, che illustra l'importanza dell'impegno e della competenza genitoriale.

I genitori che seguono questo piano d'azione generalmente si aspettano un nuovissimo programma che parte dalla classe pre-K o K sino alla quinta. Questo dettaglio temporale varia a seconda delle risorse della propria scuola, così come del modo in cui le varie classi sono organizzate nel proprio distretto scolastico. Alcuni genitori hanno obiettivi più a lungo termine e cercano di pianificare la loro iniziativa affinché duri sino alla scuola media o sino alle superiori. Infatti, è importante capire che questi programmi sono in crescita ed hanno la tendenza ad estendersi alle scuole medie e superiori, come dimostrato prima dai programmi bilingue spagnolo, cinese e francese.

Se si inizia questa impresa senza una chiara idea della lingua, ma con un forte interesse per l'istruzione bilingue come metodo educativo, è preferibile ricercare la lingua originaria della propria comunità, così da per poter stimare il possibile sostegno che si potrebbe ottenere. Capire le sfumature culturali con le quali una comunità particolare giudicherà la proposta sarà la chiave decisiva e l'identificazione dei partner e di quegli amici impresari—appartenenti alla cultura target—faciliterà l'idea presentandola nel modo più tipicamente consono o preferito dal gruppo. L'iniziativa giapponese descritta nel secondo capitolo, ad esempio, è dipesa da cinque mamme, due delle quali sono giapponesi e hanno svolto il ruolo di mediatrici culturali. La loro comprensione delle norme culturali e abitudini delle famiglie alle quali facevano appello, le aiutò a fare scelte importanti strategicamente. Questo fu vero soprattutto per quanto riguardava gli amministratori scolastici e altri membri dell'iniziativa che non parlavano giapponese o avevano una vasta conoscenza della cultura giapponese.

Il gruppo giapponese capì che c'era un bisogno reale di comprensione fra due culture quando si presenta un programma e si offre un servizio. Comunicarono con le famiglie interessate sia al giapponese che all'inglese. Si presero il tempo necessario per spiegare il sistema educativo americano e i suoi vantaggi ai genitori appena arrivati dal Giappone, così come le somiglianze e differenze quando confrontati con il sistema educativo in Giappone. Attraverso i loro scambi, provarono a rispondere a tutte le domande in maniera aperta ed onesta. Il fatto che il gruppo fosse in grado di consultarsi con tutti e discutere i loro punti di vista illustra la propria volontà di essere un gruppo inclusivo e rispettoso dei contesti culturali dei suoi membri. In questo caso particolare, la sensibilità culturale fu la chiave del successo durante le fasi della ricerca delle famiglie e dell'implementazione del programma.

I genitori si possono anche rivolgere alla propria comunità annunciando pubblicamente—attraverso i social media, i blog, la raccolta di firme in luoghi pubblici o il passaparola—che sono in cerca di persone interessate a sostenere la creazione di un programma bilingue specifico. Ci sono molti vantaggi nel concentrarsi su una comunità linguistica in particolare. Un gruppo grosso di genitori potenzialmente interessati potrebbe già esistere e una rete comunitaria di imprese, centri religiosi, centri comunitari e bambini di madre lingua straniera possono essere presenti entro i confini del proprio distretto scolastico. Questo fu il caso dei programmi di arabo, polacco e italiano presentati nei capitoli precedenti.

Una volta che il proprio gruppo ha trovato abbastanza volontari, si possono iniziare ad organizzare i comitati e suddividere i vari compiti. Diversi comitati possono essere creati, come ad esempio, un comitato che si occupi di contattare la comunità locale, un comitato che trovi la scuola dove può sorgere il programma e uno che si occupi del curriculum. Ulteriori comitati possono essere creati durante le varie fasi del processo sulla base di bisogni urgenti, ad esempio, per trovare l'insegnante, o per la raccolta dei fondi ed per il programma del doposcuola. Ancora una volta, si tratta solo di suggerimenti e sono i fondatori del programma che devono decidere di adattare i vari modelli alla loro realtà locale e al numero di persone interessate a questa iniziativa.

La raccolta dei dati

Il comitato di ricerca della comunità locale dovrebbe preoccuparsi di identificare possibili studenti e nella raccolta di dati relativi alle famiglie. Il passa parola permette di raggiungere una massa critica di persone, ossia un numero significativo di persone che abbiano informazioni corrette sull'importanza del programma bilingue e disposti ad iscrivervi i propri figli. È consigliabile raccogliere i dati in questo modo:

- Numero di famiglie interessate al programma

- Lingue parlate a casa e capite dai bambini

- Date di nascita dei bambini e il loro previsto ingresso nella scuola primaria

- Distretto scolastico delle famiglie o zona.

Questi primi passi sono essenziali nell'identificazione dei candidati per il programma bilingue. La raccolta dati aiuterà anche a determinare se il programma bilingue sarà di tipo unitario (ossia con una sola lingua madre in classe, e istruzione ricevuta in una lingua diversa) oppure binario (madre lingua di due lingue presenti in classe, spesso in una proporzione del 50% di ognuna). Questa decisione dipenderà dal numero di iscritti.

È fondamentale identificare un numero sufficiente di studenti per la classe da creare. Per fare ciò, sarà necessario verificare diverse cose. Innanzitutto, va ricercato:

- Il numero medio dei bambini iscritti in una classe di ingresso nel proprio distretto scolastico, in quanto il numero può variare da scuola a scuola e anche da classe a classe. Ad esempio, ci possono essere differenze nella grandezza della classe fra un pre-K e un K, o fra classi nella scuola elementare e nella scuola secondaria (media, superiore etc)

- Inoltre è opportuno controllare il mandato sotto il

quale un distretto scolastico opera per quel che riguarda coloro che non parlano la lingua nazionale o ufficiale. Nel caso di New York City[xcviii] e New York State, la legge prevede che le scuole offrano un programma bilingue o tradizionale bilingue se ci sono almeno venti bambini nel distretto, la cui lingua nativa o parlata a casa non è inglese.[xcix] Vengono dunque identificati come English Language Learners (ELLs) o English as a New Language (ENLs).

Se il proprio distretto scolastico opera sotto simili mandati che possono fornire sostegno extra all'iniziativa, la ricerca dovrà necessariamente:

- Determinare il numero di bambini per distretto scolastico o zona, considerati come madre lingua diversi dall'inglese o principianti di inglese (o della lingua ufficiale). Tali bambini dovranno parlare la stessa madre lingua per essere nella stessa classe bilingue.

- Determinare il numero di bambini per distretto scolastico o zona considerati bilingue (in questo caso, bambini che conoscono sia l'inglese che la lingua target a vari livelli).

- Determinare il numero di bambini per distretto scolastico o zona considerati madre lingua della lingua nazionale o ufficiale (in questo caso, inglese) che non hanno alcuna conoscenza della lingua di destinazione ma le cui famiglie sono convinte sostenitrici del bilinguismo nella lingua scelta.

Questi dati aiuteranno a spiegare come il programma bilingue soddisferà diversi bisogni. Speriamo così di assicurare fondi supplementari da parte delle agenzie statali o organizzazioni filantropiche, particolarmente quelle che sostengono gli ELL. Queste statistiche possono essere strumenti efficaci per convincere i presidi del bisogno di tale programma.

L'identificazione delle famiglie

Il numero delle famiglie che intendono iscrivere i propri figli al programma è molto spesso elevato, ma si riduce notevolmente con l'avvicinarsi dell'apertura scolastica. Pertanto, è consigliabile trovare più studenti di quelli che sono necessari per aprire un programma bilingue nella propria scuola. Non tutti i presidi hanno le idee chiare sul numero minimo di scolari necessario per l'attivazione del programma. Dal momento che certe scuole possono avere un numero minimo di studenti in classe affinché un programma sia fattibile, presentarsi al preside, sovrintendente o consiglio di istituto proponendo un gruppo ampio di potenziali studenti per il programma bilingue dimostra comunque un ampio interesse. Questo approccio inoltre compenserà la perdita di famiglie che si sono inizialmente mostrate interessate ma che poi hanno deciso di lasciar perdere il programma, perché si sono trasferite in altro distretto o hanno messo i figli in un'altra scuola.

È possibile ricevere dimostrazioni di interesse e dati da parte di famiglie con bambini di età diverse—addirittura bambini non ancora nati, nel cui caso bisognerà preparare una tabella con le date di nascita e basare la propria strategia sul numero di candidati potenziali per anno. Spesso, i calendari scolastici e le scadenze delle iscrizioni scolastiche determinano il tempo e la strategia sulla quale gestire l'iniziativa con successo.

Vi sono diversi modi di trovare, identificare e coinvolgere le famiglie interessate: annunci, lettere, volantini o poster da distribuire durante le riunioni o presentazioni.[c] È importante tenere conto che iniziare un programma bilingue nel proprio distretto è un processo lungo. È opportuno identificare le famiglie con bambini abbastanza piccoli da essere candidati per il programma quando il programma si avvia. In alcuni casi, sarebbe meglio che l'identificazione degli aderenti sia fatta uno o due anni prima che il programma parta. I casi nei quali le famiglie fondatrici del programma non siano state in grado di inserire i propri bambini sono una realtà spiacevole, soprattutto quando si lavora sotto pressione, come testimoniano i casi discussi nei capitoli precedenti.

Visto che la maggior parte dei programmi bilingue nelle scuole pubbliche in America iniziano in pre-k, quando i bambini hanno quattro anni, o in K, quando ne hanno cinque, determinare il numero dei bambini significa cercarli nelle scuole materne e asili locali, scuole pubbliche, scuole di lingua, centri culturali e istituzioni religiose, associazioni genitoriali, programmi per i bambini svantaggiati, e agenzie cittadine che sostengono le famiglie, per citarne alcuni.[ci] Risultano utili anche le conversazioni con altri genitori al parco giochi, nei negozi, ai supermercati e nelle scuole dove le famiglie potrebbero cercare opzioni per i figli più piccoli. Trovare famiglie interessate al programma, i cui figli sono già iscritti in una scuola pubblica significa che potrebbero avere una conversazione diretta con il preside scolastico o con il coordinatore delle famiglie, e possono avere una comprensione delle dinamiche della amministrazione scolastica.

Molti promotori del programma intervistati per questo libro hanno dimostrato grandi capacità creative. Alcuni indossavano abbigliamento, cappelli o tesserini di riconoscimento che attiravano la curiosità di altri genitori. Altri hanno creato pagine web e usato i social media per creare un sistema centralizzato di moduli per divulgare informazione e aggiornamenti sull'iniziativa. Hanno parlato con i giornali locali, i blog gestiti all'interno della comunità, e i blog dei genitori in modo da permettere anche alle famiglie fuori dalla loro cerchia di conoscere l'iniziativa. Hanno informato i proprietari di imprese locali e preparato volantini e cartelli promozionali, soprattutto se tali esercizi pubblici (ristoranti, locali di svago o negozi di articoli per bambini) risultavano identificabili come luoghi frequentati da madre lingua o sostenitori della lingua di destinazione o del gruppo culturale. Alcuni promotori dei programmi bilingue francesi, ad esempio, hanno attaccato volantini nei parchi per bambini e nei negozi di alimentari che sapevano essere frequentati da francofoni. Hanno pure visitato chiese con ampie popolazioni francofone e avvicinato persone per strada o nella metropolitana se li sentivano parlare in francese. Hanno avvicinato tutti i media francofoni che sono riusciti a trovare, e chiamato i programmi radiofonici francofoni.

Hanno creato un indirizzo di posta elettronica centralizzato e risposto a centinaia di richieste da parte di genitori. Hanno trascorso ore ed ore del loro tempo sulla iniziativa, dando consigli ad altre famiglie su argomenti come il processo di iscrizione scolastica o la differenza fra l'inizio in kindergarten anziché in pre-k, per citarne alcuni. Il lavoro di questi genitori è stato straordinario e meritano i nostri complimenti in quanto ciò che hanno fatto è andato ben oltre i propri interessi, portandosi fuori dalla loro cerchia famigliare e di amici per gli anni futuri. Questi promotori dei programmi bilingue sono stati i veri catalizzatori del cambiamento.

Presenza comunitaria

Un compito decisamente importante durante le prime fasi del lavoro è la creazione di un sostegno solido da parte della comunità, che potrebbe includere persone influenti, rappresentanti eletti, e organizzazioni di sostegno. Questo significa frequentare le riunioni della comunità del distretto e informare il pubblico dell'iniziativa bilingue. Le figure di spicco da contattare e incontrare possono variare da zona a zona, ma il sostegno da parte loro non deve essere sottovalutato. Può essere informativo e utile fare un appuntamento con i rappresentanti scolastici (inclusi quelli del dipartimento di istruzione statale, il sovrintendente di distretto, quello a capo dell'ufficio dei principianti di inglese etc). Questi rappresentanti potrebbero porre domande alle quali è importante essere preparati a rispondere. I genitori possono riunirsi con questi rappresentanti prima di incontrarsi con i presidi se desiderano avere un'opinione sul preventivo locale o guadagnare sostegno politico. Ad ogni modo, è importante includere i presidi scolastici in questi scambi, così come valutare la loro visione dell'istruzione bilingue. Ciò è particolarmente importante nel momento successivo alla raccolta di dati sufficienti per convincere il preside del bisogno di un programma bilingue nel proprio distretto. La successiva sezione tratta in dettaglio le motivazioni che potrebbero risultare convincenti.

Di grande utilità potrebbe risultare lo scambio di informazioni con le associazioni genitoriali, i coordinatori delle famiglie e gli insegnanti, in quanto possono avere opinioni importanti sul clima scolastico ed essere aperti a nuove idee. Inoltre, è importante rivolgersi ai comitati consultivi per l'istruzione, le commissioni comunitarie e i membri delle commissioni locali, perché possono spingere l'iniziativa oltre gli ostacoli burocratici e prestare assistenza quando ci si ritrova ad un punto morto. Il comitato di sensibilizzazione può organizzare piccole riunioni a casa, o in spazi pubblici come ad esempio in una caffetteria locale, ristorante o panificio per proporre le proprie idee, stimare l'effettivo interesse al programma o assoldare famiglie potenziali. Uno o tutti gli attori (stakeholder) nominati sopra possono essere invitati a fare un intervento o qualche osservazione durante le riunioni.

Infine, la lingua selezionata per il programma bilingue è connessa ad una rete più vasta di sostenitori nazionali e internazionali e istituzioni che possono fornire risorse importanti e assistenza. Questa rete include ambasciate, consolati, consoli onorari, centri culturali che promuovono una lingua o un paese, fondazioni con una missione educativa o sviluppo sociale, uffici turistici, camere di commercio americane o internazionali che lavorano per le imprese di due o più paesi, così come federazioni e associazioni culturali. Questi sono importanti partner a cui unirsi. Sono coloro che spesso valutano la visione e indicano la direzione da prendere per facilitare le potenziali iniziative imprenditoriali e le aperture verso nuovi mercati.

Sostegno curricolare

Il comitato che si occupa del curriculum bilingue può fornire assistenza durante le varie fasi dei lavori. Innanzitutto, si può occupare della divulgazione delle informazioni riguardanti i molteplici benefici cognitivi, accademici, personali e professionali dell'istruzione bilingue, durante le sessioni informative con i genitori della comunità. Può anche organizzare visite alle scuole dove avvengono i programmi bilingue per determinare le pratiche migliori e vedere di persona come il programma viene amministrato. Le visite alle scuole con programmi bilingue di successo rappresentano un ottimo modo per comprendere il coinvolgimento parentale, la sua fedeltà al programma, la fattibilità del programma stesso, i fondi e le risorse necessarie per mantenerlo, il coinvolgimento degli insegnanti e, infine, il sostegno del personale amministrativo. Spesso, i presidi e gli insegnanti delle scuole con programmi bilingue accettano di discutere con le loro controparti che studiano l'eventualità di aprire un programma simile. Conoscere i successi e i fallimenti di queste scuole permette di migliorare i progetti per i programmi a venire. Il gruppo dovrebbe essere sempre consapevole dell'importanza di fornire un rapporto che includa le osservazioni e le informazioni su ogni visita effettuata durante le riunioni con gli altri genitori. Infine, il comitato dovrebbe riunirsi e invitare i genitori che sono stati in grado di creare un programma bilingue a prendere la parola al fine di imparare dalla loro esperienza.

Seconda fase: le motivazioni e la localizzazione scolastica

Al termine del loro lavoro collaborativo, i vari comitati devono presentare i dati raccolti ad un preside ed ad una comunità. Prima di contattare un preside con la propria idea, è consigliabile preparare un argomento persuasivo in grado di convincere sia il preside che gli altri amministratori dell'importanza della proposta. Può essere molto difficile proporre un programma francese, giapponese o russo, ad esempio, ad una scuola che è già piuttosto affermata o con liste d'attesa. I genitori dovrebbero dunque sviluppare una lista di argomenti che parlino dei vantaggi della creazione di un tale programma nella scuola pubblica, soprattutto se quella scuola ha un rendimento inferiore al previsto. Potrebbe essere utile riferirsi alle stesse motivazioni personali del leader scolastico. Per esempio, un nuovo preside potrebbe essere alla ricerca di riconoscimento e un programma bilingue potrebbe essere per lui un modo efficace per imprimersi nella memoria della scuola e della comunità. Un programma bilingue efficace può portare molta visibilità positiva alla scuola, migliorare la sua reputazione e attirare nuovi metodi di finanziamento. Le famiglie portate dal programma bilingue potrebbero anche essere più motivate a partecipare alle collette finanziarie per aiutare la scuola ad avere successo.

Sono molti gli argomenti convincenti. Un numero essenziale di principianti di inglese ha bisogno di istruzione bilingue per imparare a parlare inglese. I programmi bilingue dispensano il dono di una seconda lingua a tutti i bambini della comunità, che dura tutta la vita. I programmi bilingue salvaguardano la lingua e la cultura delle famiglie di seconda o terza generazione, permettendone la condivisione con tutti altri bambini. Un programma bilingue continua a creare benefici all'intera comunità scolastica quando le famiglie arrivate da poco e altamente pro-attive iscrivono i propri figli a scuola. Questi genitori portano con sé la volontà di sostenere la scuola in molti modi, dalla raccolta di fondi all'agevolazione delle attività in tutta la scuola. Le famiglie bilingue possono anche introdurre attività di arricchimento per la comunità scolastica, come ad esempio le attività artistiche—musica, gastronomia etnica—e fare leva sulle conoscenze all'interno della comunità per aiutare a costruire programmi di doposcuola, mense migliori, organizzando gite e visite culturali, borse di studio e così via. Un argomento forte e ben preparato può qualche volta essere il migliore metodo per convincere le menti e toccare i cuori.

I programmi bilingue possono dare ad una nuova scuola o ad una scuola non pienamente sfruttata, con classi vuote, una nuova identità. Avere più scelte di qualità in un distretto può anche aiutare ad alleviare il sovrappopolamento presso scuole competitive maggiormente affermate, attraendo più famiglie del ceto medio verso scuole svantaggiate ed esplorando il vantaggio potenziale dell'integrazione socioeconomica che i programmi bilingue possono attivare. Le iniziative dal basso possono velocemente mobilizzare centinaia di famiglie per far fronte al calo della popolazione studentesca, così come fornire i mezzi per potenziare il budget scolastico. In molti distretti, ogni posto assegnato   in classe tramite l'iscrizione, è collegato ad un aumento budgetario. Qualche volta i distretti scolastici o il ministero dell'istruzione può anche fornire fondi per la programmazione, lo sviluppo curricolare e la formazione degli insegnanti e del personale. Ulteriore aiuto finanziario e logistico può arrivare alla scuola da partner e organizzazioni che nutrono un interesse comprensibile per le lingue offerte o per le popolazioni rappresentate (i.e. ambasciate, consolati, imprese e fondazioni).

Quando un preside concede un colloquio è opportuno presentare i dati e il progetto seguendo metodi professionali, parlando dei benefici per i bambini e per la comunità come il fulcro della propria iniziativa. È ugualmente consigliabile produrre documenti che mostrano in dettaglio la demografia delle famiglie in arrivo per anno e zona scolastica, e la spiegazione di come il fondo bilingue è garantito negli anni a venire dal ministero o da partner esterni. Se il preside è ben preparato, sarebbe opportuno invitare al colloquio altri sostenitori, soprattutto fra i genitori, insegnanti e membri della comunità. In seguito potranno essere chiamati i rappresentanti del governo straniero, i rappresentanti eletti e i donatori. Seguendo questi passi, è possibile promuovere il programma efficacemente. Nel far ciò, aumenterà anche la fiducia dei genitori e degli educatori. Insieme è possibile costruire un programma bilingue di successo.

Terza fase: costruire da subito un programma bilingue "DL" di successo

Una volta che il preside offre il suo supporto, il gruppo per la promozione del programma bilingue deve concentrarsi su diversi obiettivi. Bisogna soprattutto assicurarsi la partecipazione del numero di famiglie richieste e fare in modo che iscrivano i bambini al programma. È una buona idea organizzare visite alla scuola e dare presentazioni durante gli eventi scolastici per attirare più famiglie, sempre che la disponibilità di posti lo permetta. Si dovrebbe anche continuare a promuovere il programma organizzando riunioni informative per i genitori e incoraggiando i genitori a visitare altre scuole bilingue. Si potrebbero anche presentare programmi già affermati presso la propria comunità invitando insegnanti bilingue a condividere la loro esperienza con gruppi di genitori ed educatori interessati. Non bisogna dimenticare che si possono introdurre anche le migliori pratiche di altri programmi affermati, osservati durante le proprie visite ad altre scuole.

Assicurarsi i materiali, ad esempio libri adeguati all'età e attività necessarie agli insegnanti nei primi mesi di programmazione è un ottimo modo per aiutare il proprio preside e l'amministrazione. Il sostegno agli insegnanti può consistere nella fornitura dei libri allineati al curriculum scolastico e nella preparazione delle liste di materiali che possono essere ordinati dalla scuola o da altri genitori e sostenitori. Se richiesto, l'aiuto al preside da parte delle famiglie può essere necessario durante la fase delle assunzioni a causa della difficoltà nel trovare insegnanti e supplenti bilingue competenti e certificati. Anche la traduzione e l'interpretariato durante i colloqui, così come la propria opinione sulla competenza linguistica dei candidati può essere richiesta, ed è proprio così che si diventa parte di un gruppo di lavoro, in cui il proprio entusiasmo e forza di volontà contribuiscono a giocare un ruolo significativo nell'attivazione e successo del programma.

Se è stato costituito un comitato per la raccolta di fondi, si può iniziare ad organizzare eventi e preparare le lettere di richiesta di donazioni che sosterranno la classe bilingue, la biblioteca e la scuola in generale. Oltre a fornire risorse, questi fondi possono essere usati per assumere uno specialista o consulente bilingue in grado di formare gli insegnanti e gli assistenti, e ottenere risorse da fornitori nazionali o internazionali. Infine, questo gruppo può sostenere il programma partecipando ai bandi di concorso per ottenere ulteriori fondi dal distretto, dallo stato, dalle agenzie federali, dalle fondazioni e dai governi di paesi stranieri.

Avere una visione bene articolata e chiara con la quale i genitori possono identificarsi aiuta a superare le incomprensioni culturali e invita le famiglie e le comunità a sostenere gli obiettivi comuni. Quando si lavora con un leader scolastico, è importante essere chiari sulla visione che il preside e il comitato scolastico possono creare. Alla fine, il preside è la persona che viene ritenuta responsabile. Anche se certi gruppi o individui non sono pronti a sostenere il programma immediatamente, questa visione onnicomprensiva può favorire iniziative successive, come la ricerca di fondi e la creazione di accordi comunitari. Molti dei genitori intervistati nei precedenti capitoli vedevano la loro iniziativa come una giovane azienda da seguire regolarmente per favorirne la sua crescita.

L'approccio dal basso che viene suggerito si modella su tentativi coraggiosi, non esenti da errori, da parte di genitori ed educatori. Ha favorito molte iniziative in varie città e in diverse comunità linguistiche, alcune delle quali sono descritte nei capitoli di questi libro, ormai accessibile a tutti. Questa strategia si inserisce in una serie di iniziative in piena evoluzione, fatta di esperienze illuminanti, che continua a migliorare e che, per natura, varia da scuola a scuola e da comunità a comunità—il che richiede agli utenti i necessari aggiustamenti a seconda del contesto. È stato creata da genitori per genitori. Esiste perché, secondo i genitori che l'hanno pensata, se ha funzionato per loro, dovrebbe essere condiviso con altri, in modo che più bambini abbiano accesso al dono dell'istruzione bilingue. Se questa strategia gioca un ruolo importante nella propria iniziativa, perché non condividerla con altri? A turno, tutti quanti possono diventare i creatori di programmi di successo di cui usufruiranno i propri bambini e che miglioreranno le proprie scuole. Questa strategia può alimentare la Rivoluzione bilingue.

CAPITOLO 12

I vantaggi dell'istruzione bilingue durante l'infanzia

Questo capitolo funge da manuale di base per quei genitori che pensano di compiere i primi passi nel mondo dell'istruzione bilingue. Sarà utile sia ai genitori monolingue che a quelli che parlano già una lingua diversa dall'inglese come parte della propria cultura o propri studi, e che desiderano trasmettere questo dono ai propri figli. L'informazione presentata in queste pagine può essere usata più tardi per sviluppare le motivazioni per convincere insegnanti, amministratori scolastici, altri genitori e rappresentanti della comunità, della necessità di avere un'istruzione bilingue in ogni scuola. Infine, questo capitolo fornirà una panoramica delle caratteristiche uniche della mentalità della persona bilingue, e spiegherà in che modo il bilinguismo può migliorare la capacità del bambino di imparare, concentrarsi, comunicare e capire il mondo.

Molti vantaggi del bilinguismo sono intuitivi. Ad esempio, gli individui bilingue possono comunicare con molte più persone globalmente, e, conseguentemente hanno accesso ad un numero molto maggiore di lavori letterari, accademici e artistici così come alle reti professionali e sociali, rispetto agli individui monolingue. Gli individui bilingue, inoltre, imparano altre lingue più facilmente dei loro simili monolingue perché, dopo aver perfezionato una seconda lingua, sono in grado di fare appello alle strategie che hanno impiegato, per acquisire una terza o quarta lingua. Infine, il bilinguismo incoraggia un atteggiamento di multiculturalismo e apertura mentale. Per dirla come il famoso psicologo e linguista internazionale François Grosjean, l'identità del bilingue "va oltre i confini nazionali."[cii]

Cosa significa essere bilingue?

Negli anni cinquanta, i linguisti Uriel Weinreich e William Francis Mackey proposero l'idea che il bilinguismo fosse semplicemente l'uso "regolare" di due o più lingue. Al contrario, François Grosjean suggerisce l'idea che l'abilità di parlare più di una lingua non è solo una competenza linguistica. Secondo lui, il bilinguismo costituisce una nuova e distinta identità. Entrambe le definizioni mettono in evidenza gli aspetti differenti della persona bilingue e della mente bilingue. I programmi bilingue "DL" permettono agli studenti di usare più di una lingua quotidianamente e nel contesto di molte aree tematiche. Incoraggiano anche coloro che parlano la lingua d'origine, così come gli individui monolingue, a preservare la loro cultura e la loro lingua o sviluppare nuove identità e competenze, diventando conseguentemente una preziosa fonte di orgoglio per le comunità d'appartenenza.

Le origini del termine "lingua ereditaria"- in voga da circa quindici anni—risalgono al Quebec, Canada. Questo termine fu in seguito adottato nel lessico usato dagli educatori americani quando si comprese che intere popolazioni di studenti non erano in grado di godere dei vantaggi delle competenze linguistiche che avevano già acquisito nella loro lingua madre. Gli educatori capirono che potevano accrescere le competenze linguistiche che questi bambini avevano già in classe, invece di iscriverli alle classi di inglese come seconda lingua (ESL), cosa che spesso significava la cancellazione della competenza nella propria lingua. Conseguentemente, i programmi della lingua d'origine vennero creati per sviluppare le capacità di leggere e scrivere in entrambe le lingue. Sviluppare la competenza linguistica in entrambe le lingue, inglese e la lingua di destinazione è uno dei maggiori obiettivi della *Rivoluzione bilingue*.

Ad un recente incontro pubblico sul bilinguismo, acquisizione linguistica e identità, tenutosi a New York, François Grosjean affermò: "Il bilingue è un comunicatore nato, una persona che parla e che ascolta a pieno titolo, che gestisce la vita con due o più lingue."[ciii] Data questa definizione, potremmo chiederci se questo compito apparentemente sconfortante di "gestire la vita" in più di una lingua valga lo sforzo che i bilingue inevitabilmente affrontano. In altre parole, il bilinguismo è un vantaggio o uno svantaggio per lo studente, in classe e nella vita quotidiana? Quali differenze ci sono fra gli individui bilingue e quelli monolingue, sia per quanto riguarda le loro funzioni cognitive che i loro modi di farsi strada nella società? Quanto è importante essere bilingue?

Gli individui bilingue possiedono almeno tre spazi di appartenenza. Questi possono essere visti come aspetti di triplice nazionalismo. Nel mio caso, mi sento francese quando uso il francese, americano quando uso l'inglese, e franco-americano quando interagisco con altri individui bilingue e uso una miscela di entrambe le lingue. Il bilinguismo apre le porte ad una vasta gamma di culture e comunità inaccessibili per una persona monolingue. Anziché avere una "casa" linguistica o un ambiente sicuro, gli individui bilingue ne hanno molte. Come ci si può aspettare, la vita multilingue è straordinariamente ricca, diversa e piena di possibilità. Quando le barriere geografiche continuano a dissolversi in questa era di globalizzazione, i confini non limitano più la diffusione delle idee e delle culture in tutto il mondo. La complessa identità dell'individuo bilingue è rilevante oggi più che mai, e continuerà a giocare un ruolo sempre più importante in futuro.

Mantenere i bambini bilingue motivati

La motivazione e il desiderio di parlare un'altra lingua può essere influenzata da molti fattori differenti. Alcuni vengono dall'ambiente familiare. Ci sono infatti famiglie che raggiungono il bilinguismo senza fatica grazie alla stimolante esperienza linguistica incentrata sul bambino a casa propria. Questo però non succede sempre. Ad esempio, è molto comune per i genitori bilingue mettere troppa pressione ai loro figli affinché imparino la loro lingua nativa, qualche volta perfino costringendoli a parlarla durante le interazioni in famiglia. Il bambino potrebbe non condividere questo desiderio. Conseguentemente, questo approccio spesso non porta a risultati positivi. Affinché funzioni, i bambini dovrebbero essere incoraggiati positivamente in modo da trarre piacere nell'imparare la lingua e migliorare le loro competenze.

Un altro importante fattore è l'influenza della comunità e la questione del prestigio della lingua. Se un bambino percepisce la lingua parlata a casa come indice di inferiorità rispetto alla lingua dominante nella sua comunità, allora potrebbe non voler essere associato ad essa, e astenersi completamente dal comunicare o interagire nella seconda lingua.[civ] Ci sono anche fattori tipici della personalità individuale che sono in relazione con la motivazione e l'impegno dei bambini nelle esperienze linguistiche. Alcuni bambini, ad un certo punto, non vogliono più parlare la lingua dei loro genitori. Questo può accompagnare gli anni della ribellione giovanile e adolescenziale, o svilupparsi in seguito al condizionamento dei coetanei e alla volontà di fare parte del gruppo, fra le varie ragioni. In queste situazioni, è meglio cercare di trovare un modo alternativo per motivare il bambino, che tenga in considerazione la sua identità personale. È importante adottare un approccio che ponga il bambino al centro, e che, tramite l'ascolto e il coinvolgimento possa sviluppare le proprie ragioni pro o contro l'apprendimento della seconda lingua. In questo modo, il bambino può gestire il proprio apprendimento e riattivare l'interesse nella lingua a modo suo.

La personalità bilingue

Oltre ai numerosi vantaggi cognitivi che derivano dalla conoscenza di molte lingue, gli individui bilingue spesso beneficiano di un'intelligenza emotiva maggiore. I ricercatori come lo psicologo e autore Daniel Goleman descrivono questo fenomeno come una maggiore auto-consapevolezza e conoscenza degli altri; una speciale capacità di capire la prospettiva di un'altra persona attraverso la finestra culturale del linguaggio e un'abilità a provare un tipo di empatia che è linguisticamente radicata ma in definitiva culturalmente provata.[cv] Le emozioni sono una componente intrinseca e unica di ogni lingua, e sottolineano la ragione per cui i bilingue sono più abili nell'attraversare e discernere una serie di sentimenti fra una cultura e l'altra. Similmente, l'abilità di osservare lo stesso evento o idea da una diversa prospettiva linguistica e culturale è enormemente utile nello sviluppo delle relazioni interpersonali e nel saper gestire le interazioni con persone di diverse estrazioni sociali, sia all'interno della stessa società che in altri contesti. Il bilinguismo è un investimento con un incredibile vantaggio. Chi parla due o più lingue può prontamente essere chiamato a dare la propria opinione ad un nuovo approccio, provare una nuova idea o capire una posizione che è diversa dalla propria. Questi strumenti aiutano gli individui bilingue a vivere in un mondo globalizzato con facilità e rendono più sofisticato il livello di comprensione.

Oltre a questi vantaggi, dovremmo aggiungere un senso di acquisita creatività osservato nei bambini bilingue, o, per usare termini più scientifici, di "modo di pensare divergente". Il lavoro dell'autore e esperto di educazione internazionale Sir Kenneth Robinson offre alcune intuizioni riguardanti questo modo di pensare divergente, per esempio domandando ai suoi soggetti in quanti modi, secondo loro possono usare una graffetta per la carta.[cvi] In questo esercizio, il modo di pensare divergente viene misurato in tre modi: flessibilità, ovvero quante risposte riescono a dare i partecipanti, l'originalità, ovvero quante risposte originali riescono ad offrire, e infine il livello dei dettagli fornito, ossia sino a che punto i partecipanti riescano a sviluppare le proprie idee. Molti studi hanno confrontato il numero di risposte date dai soggetti monolingue rispetto ai bilingue o multilingue. L'opinione diffusa è chiara: le persone bilingue e multilingue eccellono nel pensiero creativo e nella risoluzione dei problemi; sono costantemente in grado di trovare molteplici usi originali in uno scenario simile a quello della graffetta.[cvii] Questo si spiega facilmente, in quanto il bilinguismo è un'espressione della produzione del significato—il processo per il quale interpretiamo gli eventi della vita, diamo un senso alle relazioni e riusciamo a conoscere noi stessi. Dato che gli individui bilingue possono gestire molteplici espressioni di sentimenti simili, oggetti o esperienze, è per loro conveniente utilizzare quelle capacità per "pensare fuori dagli schemi." A loro vantaggio, i bilingue non hanno solo uno schema—ne hanno molteplici.

Il vantaggio bilingue

Ci sono benefici pratici innumerevoli nell'essere bilingue. In tempi recenti, importanti studi hanno analizzato la maniera in cui i programmi bilingue potessero migliorare i risultati educativi, esaminando i modi di apprendimento tra gli studenti bilingue. La ricerca sottolinea che gli studenti bilingue hanno una maggiore consapevolezza metalinguistica [cviii], ossia sono più consapevoli del linguaggio come sistema, e trasformano facilmente i dati a livello cognitivo. Grazie a questi vantaggi cognitivi, gli studenti bilingue dimostrano un maggiore controllo dell'attenzione, una memoria più estesa e, hanno un'abilità naturale a risolvere problemi di difficoltà al di sopra della media. [cix]

La ricerca, inoltre, indica che gli studenti di scuola superiore che seguono un programma bilingue sono meno portati ad abbandonare gli studi rispetto agli studenti che seguono curricula monolingue. [cx] Thomas e Collier hanno condotto uno studio longitudinale in un periodo di diciotto anni, in ventitré distretti scolastici di quindici stati, confrontando studenti in programmi bilingue con studenti in programmi bilingue di transizione o in classi condotte solo in inglese. Hanno scoperto che il modello bilingue ha colmato la differenza del risultato accademico fra gli studenti di inglese come seconda lingua (L2) e quelli di madrelingua inglese, sia nella scuola primaria che in quella secondaria. I programmi inoltre hanno trasformato l'esperienza scolastica promuovendo e accogliendo una comunità inclusiva che ha valorizzato e accolto la diversità.

Questi ricercatori hanno concluso che l'apprendimento bilingue è il solo metodo per acquisire la seconda lingua, la quale aiuta a colmare la differenza del risultato scolastico fra gli studenti di inglese come seconda lingua e i madrelingua inglese della scuola primaria e secondaria. Inoltre, gli studenti bilingue hanno superato i loro compagni monolingue nei test standard— una prova concreta del successo dei programmi bilingue.[cxi] Per questi ricercatori, un'istruzione bilingue ben strutturata e ben applicata a tutte le materie del curriculum ha dato agli studenti la possibilità di sviluppare una competenza in entrambe le lingue.[cxii]

Inoltre, essere bilingue da giovani può offrire molte più opportunità di studiare e lavorare all'estero. Le società che impiegano persone bilingue si avvantaggiano materialmente dei loro servizi di traduzione e interpretazione, facilitando la comunicazione con una clientela maggiore. Oltre agli ovvi vantaggi delle competenze culturali e linguistiche, i candidati bilingue sono spesso preferiti fra gli impiegati in quanto hanno la capacità di adattarsi velocemente ai nuovi ambienti. Questi vantaggi innovativi possono condurre poi a salari più alti e ad un più comprensivo accesso al mercato del lavoro globale.

Nel suo lavoro innovativo Ellen Bialystok, professore ricercatore e direttore della cattedra di Sviluppo Cognitivo all'università di York, ha provato che l'esperienza del bilinguismo ha un profondo e chiaro impatto nella struttura e organizzazione della mente. Gli individui bilingue traggono vantaggi a lungo termine dalla capacità di risolvere problemi grazie alla costante "ricarica" del loro sistema di controllo esecutivo—una rete di processi cerebrali che raccoglie informazioni e le struttura per valutarle e che assimila l'ambiente circostante per aggiustare il proprio comportamento in reazione. Il costante bisogno degli individui bilingue di trasformare l'informazione in due lingue attiva il sistema di controllo esecutivo più intensamente. È grazie ai loro sforzi per risolvere i problemi o le confusioni nei compiti sia verbali che non verbali in sistemi di due lingue, che sono in grado di riorganizzare quella rete. Alla fine, questa rete riordinata è molto più efficiente dell'equivalente mono-lingua. Bialystok ha dimostrato anche che il bilinguismo è una notevole fonte di riserva cognitiva, un'idea che si riferisce al modo in cui il cervello riesce a migliorare la sua prestazione attraverso l'uso delle connessioni cerebrali. Questi studi mettono in evidenza la potentissima capacità che permette alle nostre esperienze giornaliere di dare un'altra forma alla mente bilingue.

La ricerca neuro-scientifica inoltre evidenzia che imparare a parlare due lingue sin da bambini non giova solo allo sviluppo cognitivo e alle opportunità sociali, ma ha anche dei vantaggi nella vecchiaia. Un lavoro recente portato avanti da un gruppo guidato da Ana Ines Ansaldo, direttore del Laboratorio sulla Plasticità Cerebrale, Comunicazione e Invecchiamento e professore all'università di Montreal, mostra che, contrariamente agli anziani monolingue, gli anziani bilingue hanno risolto problemi con grande successo, senza utilizzare certe aree del cervello che sono particolarmente vulnerabili durante l'invecchiamento. In un certo senso, il bilinguismo per la vita riconnette il cervello in un modo tale da poter essere considerato un'assicurazione contro il declino del cervello dovuto all'invecchiamento. [cxiii]

La famiglia e il bilinguismo

Per raggiungere questo livello di bilinguismo, il sostegno delle famiglie è importante, in quanto la lingua è radicata nelle tradizioni e culture. Incoraggiare la simpatia per la cultura, oltre che per la lingua è qualcosa che richiede molta motivazione da parte di chi sta imparando. Più si riesce a radicare la cultura nell'esperienza—ad esempio, attraverso l'esposizione agli individui madrelingua o attraverso il collegamento fra tradizioni e glossario—migliore sarà la competenza della lingua. Molti bambini che frequentano i programmi bilingue frequentano anche programmi di arricchimento culturale nel fine settimana, in quanto le loro famiglie cercano opportunità supplementari che abbiano riferimento alla letteratura, la cultura, la storia del proprio paese, per coltivare un senso di appartenenza e orgoglio come parte integrante di un gruppo culturale.

I genitori spesso si preoccupano che i bambini si confondano nel parlare due lingue nella prima infanzia, e che questo possa avere un impatto negativo nella loro capacità di imparare quando crescono. In realtà, quello che tipicamente viene scambiato per confusione è la naturale mescolanza che i bambini, soprattutto i piccoli, fanno fra le due lingue quando parlano, un fatto che gli esperti chiamano "scambio di codice". Ad esempio, un bambino cresciuto come madrelingua mandarino e inglese può iniziare una frase in mandarino, poi introdurre una parola o due in inglese prima di riprendere a esprimersi in mandarino. Possiamo considerare questo scambio una confusione? Per rispondere a questa domanda, circa venti anni fa un gruppo di linguisti di Montreal studiò esempi dove i bambini pareva usassero la lingua sbagliata, ossia operando lo "scambio di codice"[cxiv]. Questi esperti scoprirono che non solo i bambini che passavano da una lingua ad un'altra non erano affatto confusi, ma che il passaggio di codice è una strategia di intelligenza sofisticata che i bambini bilingue utilizzano. Questi piccoli allievi semplicemente utilizzano tutte le risorse linguistiche che hanno a loro disposizione. Inoltre, è importante ricordare che perfino i bambini monolingue mischiano parole e significati nella loro lingua natia quando attraversano le varie fasi di sviluppo linguistico. Una volta appurato questo fatto, il passaggio di codice non rappresenta più una fonte di preoccupazione. La pratica dello scambio di codici può essere utilizzata a vantaggio degli individui bilingue, in quanto diventa una seconda inclinazione che permette loro di adattare il loro uso del linguaggio all'ambiente circostante.

Nel processo di acquisizione linguistica, è naturale che i bambini modellino il loro modo di parlare su quello di individui che sentono parlare più spesso—di solito i loro genitori. Questo pone un problema se i genitori decidono di non parlare ai loro figli in un'altra lingua. Negli Stati Uniti, alcuni genitori scelgono di parlare inglese ai propri figli pur non essendo madrelingua inglese, a causa delle difficoltà o discriminazione affrontata a causa del loro accento o cultura. Questi genitori vogliono assicurarsi che i loro bambini parlino inglese correntemente, senza alcun accento, per proteggerli dalle difficoltà che loro stessi hanno incontrato. In realtà, è molto più produttivo da parte dei genitori parlare ai loro figli nella propria lingua madre anziché in un inglese scarso o grammaticalmente scorretto. La base linguistica di ogni bambino deve avere delle forti fondamenta—in inglese o in un'altra lingua—che derivano dalla comunicazione parentale o familiare sin dai primi anni di vita. In questo modo, quando il bambino inizia la scuola, gli insegnanti possono sviluppare la base linguistica sulla quale sviluppare la scolarizzazione della seconda, terza, o quarta lingua. [cxv]

Il bambino e il bilinguismo

Quando, da adulti, abbiamo a che fare con due lingue, per iscritto o oralmente, le classifichiamo come tali—ad esempio, inglese e spagnolo, o francese e tedesco. Ciò nonostante, dal punto di vista del bambino bilingue, entrambe le lingue comprendono il loro repertorio linguistico totale. Più tardi, viene loro insegnato come selezionare parole da una lingua specifica per accomodare la loro dimensione comunicativa. La socio-linguista Ofelia Garcia parla di questo uso astuto delle lingue come "translanguaging". Nelle classi bilingue, i bambini sviluppano un personale sistema linguistico con diverse caratteristiche che sono state socialmente assegnate a due diverse lingue. Garcia sottolinea quanto sia importante non limitare l'uso della lingua ad una sola lingua. Se impediamo ai bambini di portare la loro lingua madre e le loro esperienze domestiche in classe, si inventeranno la propria lingua "pidgin" (una mescolanza di lingue semplificate) o troveranno un altro modo di comunicare quando sono insieme in gruppi. [cxvi]

Spesso gli insegnanti creano spazi linguistici separati—soprattutto per loro, non per i bambini—per organizzare meglio i loro metodi educativi. Le storie di linee immaginarie che dividono le aule bilingue sono comuni. Se anche noi siamo troppo severi con la separazione delle lingue, non sarà affatto vantaggioso per il bambino e limita davvero il proprio progresso linguistico naturale. Pertanto, è importante fare attenzione allo sviluppo dei curricula e dei programmi bilingue.

Una delle caratteristiche dei programmi bilingue è l'insegnamento ai bambini di classe K e alle prime a leggere nella propria lingua, che sia l'inglese o la lingua di destinazione. Infatti, la possibilità dei bambini di leggere in più di una lingua moltiplica le opportunità di apprendimento, liberi dai limiti imposti dalle traduzioni e da testi non autentici. Nel 2006 il professore Claude Goldenberg dell'università di Stanford condusse cinque studi sperimentali e confermò che l'apprendimento nella propria lingua madre promuove la lettura nella seconda lingua.

Poiché i bambini usano le loro lingue in situazioni, ambiti e contesti diversi, potrebbero avere vocabolari limitati—soprattutto se si considerano le lingue indipendentemente l'una dall'altra. Se l'intero glossario di famiglia, della casa e del gioco viene trasmesso in una lingua sola e l'intero glossario scolastico e accademico viene limitato all'altra lingua, non c'è da meravigliarsi se i bambini avranno una conoscenza del lessico limitata in entrambe le lingue. Ad ogni modo, la ricerca indica che quando si considera l'insieme di entrambi i glossari, i bambini bilingue sono effettivamente ad un livello piuttosto alto. Francois Grosjean chiama questo fenomeno il "principio della complementarità", ovvero l'idea che soggetti bilingue usano diverse lingue in diverse situazioni, con diverse persone in diversi contesti, per fare cose diverse. Naturalmente, si può creare una sovrapposizione di competenze in uno o più ambiti—come ad esempio le comuni interazioni durante i saluti, le brevi conversazioni e l'interazione al momento di fare gli acquisti. Altre sfere della vita sono spesso coperte da una sola lingua—ad esempio i termini legali e commerciali, i gerghi accademici o le parole specifiche della geografia. Questi regni linguistici crescono con il tempo, man mano che i bambini sviluppano vocabolari più comprensivi e imparano ad operare in due lingue in situazioni e contesti sempre più diversi.

Niente è perfetto

Nonostante questo capitolo sia incentrato principalmente sui vantaggi del bilinguismo, sarebbe una mancanza non menzionare alcuni dei possibili inconvenienti della vita bilingue. Molti soggetti bilingue, ad esempio, parlano di difficoltà quando comunicano nella loro lingua debole—soprattutto in situazioni in cui non sono abituati ad usare quella lingua. Altri hanno difficoltà nella traduzione e soffrono di una mancanza di vocabolario in una lingua particolare. Ci sono anche casi in cui i soggetti bilingue hanno difficoltà ad essere accettati come rappresentanti di due o più culture che parlano due o più lingue nei gruppi sociali con i quali interagiscono. Ciononostante, la vasta maggioranza di persone bilingue riferisce che la capacità di parlare più di una lingua è un'esperienza per lo più positiva. Pertanto, è giusto dire che i vantaggi del bilinguismo superano di gran lunga le prove e le difficoltà sopra citate.

Il potenziale del bilinguismo

Quando si pensa alla ricchezza della tradizione linguistica di questo paese e il numero di comunità linguistiche che potrebbero avvantaggiarsi dai programmi bilingue, è impossibile non vedere il gigantesco potenziale in campo sociale e dell'avanzamento collettivo negli Stati Uniti grazie all'introduzione dei programmi bilingue. In parole povere, non ci sono abbastanza programmi bilingue, soprattutto se si riconoscono i vantaggi dell'istruzione bilingue e il crescente interesse nel bilinguismo. I benefici del bilinguismo possono e dovrebbero essere estesi a molti più bambini in modo da poter condurre delle vite prospere, soddisfacenti e arricchite.

CAPITOLO 13

L'istruzione bilingue negli Stati Uniti: l'informazione prima della partenza

Il dibattito intorno all'istruzione bilingue negli Stati Uniti è spesso centrato sulla questione dell'immigrazione. Storicamente, i programmi bilingue negli Stati Uniti sono stati maggiormente visti come un mezzo per aiutare l'acquisizione della lingua inglese da parte degli immigranti attraverso un modello di transizione. I sostenitori di questi programmi non si concentravano sui vantaggi legati all'acquisizione di due lingue. Infatti, questo tipo particolare di programmi bilingue raramente valorizzava il sostegno alla lingua d'origine, poiché i molti vantaggi dell'apprendimento scolastico in inglese e parallelamente nella propria lingua di origine, venivano ignorati a scuola. Per fortuna, nonostante la visione consolidata dell'istruzione bilingue americana, gli atteggiamenti e le pratiche stanno iniziando a cambiare.

I programmi bilingue per tutti e tutti per i programmi bilingue

I programmi di inglese come seconda lingua (ESL) negli Stati Uniti sono tradizionalmente e comprensibilmente diretti a bambini la cui lingua madre non è l'inglese. Tuttavia, poiché il modello ESL dominante dell'acquisizione dell'inglese si è diretto verso un modello bilingue paritario, gli obiettivi di questi programmi si stanno evolvendo. Ora c'è un numero crescente di programmi bilingue creati non solo per servire gli studenti che imparano l'inglese, ma anche gli studenti per i quali l'inglese è la lingua nativa. Questo può essere spiegato grazie alle schiaccianti prove dei vantaggi competitivi nell'economia globale, creatisi grazie alla molteplice istruzione linguistica degli scolari, non solo promuovendo le loro generali competenze linguistiche, ma anche migliorando la lettura e comprensione dell'inglese, e perfino le loro capacità in matematica. Questi programmi si concentrano sui vantaggi del bilinguismo per tutti gli studenti coinvolti, a prescindere dal proprio profilo linguistico personale.

I programmi bilingue negli Stati Uniti propongono una gamma di lingue alquanto variegata. Mentre l'inglese è sempre insegnato, la lingua di destinazione (target) include spagnolo, mandarino, coreano, francese, giapponese, tedesco, russo, portoghese, arabo e italiano, cantonese, hmong (variante del cinese), bengalese, urdu, creolo, cup'ik (parlato in Alaska) e ojibwe, parlato dagli indigeni del nord America. I programmi bilingue esistono anche nel linguaggio dei segni.[cxvii] Ognuna delle lingue offerte riflette il carattere della propria comunità, che può includere concentrazioni etniche, interessi commerciali, o semplicemente il desiderio di preparare i bambini ad un vantaggio competitivo. Nel creare questi programmi, ogni comunità può rendere gli Stati Uniti un paese più competitivo accademicamente ed economicamente.

L'istruzione bilingue negli Stati Uniti presenta sfaccettature. A causa dell'assenza di leggi federali sui contenuti dell'istruzione, ogni distretto scolastico controlla le decisioni che riguardano la propria didattica, mentre gli standard che influenzano lo sviluppo curricolare sono definiti a livello statale. Il numero che ne risulta e la vasta varietà di programmi bilingue possono confondere quei genitori e quegli educatori che vogliano introdurre simili programmi alle proprie comunità. È necessario fornire chiare definizioni al fine di usare una terminologia comune, utile a condurre conversazioni sui programmi. Riportiamo qui le definizioni fornite dall'ufficio per l'apprendimento dell'inglese (Office of English Language Acquisition) del Ministero dell'Istruzione americano:

- Programmi binari bilingue (conosciuti anche come programmi di immersione binaria): gli studenti di inglese che parlano correntemente la seconda lingua e gli anglofoni sono integrati per ricevere istruzione sia in inglese che nella seconda lingua.

- Programmi bilingue unidirezionali: gli studenti appartenenti ad un gruppo linguistico ricevono un'istruzione in inglese così come nella seconda lingua. Questi programmi possono essere d'aiuto soprattutto ai principianti in lingua inglese, conosciuti come programmi bilingue di sviluppo o mantenimento, agli studenti prevalentemente anglofoni, conosciuti come programmi di immersione univoci o globali, e, infine, agli studenti con una cultura e/o legame famigliare alla lingua partner, conosciuti come programmi per studenti di lingua ereditaria o madrelingua.[cxviii]

Ci sono anche molte sottili distinzioni che formano ogni programma bilingue, come gli argomenti insegnati e la durata del programma. Con tale scelta, è sicuramente possibile trovare un modello che funzioni per la propria comunità e che serva la popolazione locale nel miglior modo possibile.

L'immigrazione e l'ascesa dell'istruzione bilingue: una prospettiva storica

La storia dell'istruzione bilingue negli Stati Uniti attraversò momenti di popolarità e di declino a seconda dei vari flussi migratori che arrivarono in momenti storici diversi. Dai primi arrivi degli europei all'inizio del XVII secolo, sino ai portoricani negli anni quaranta, all'esodo massiccio di cubani negli anni sessanta, il primario obiettivo delle famiglie di immigranti non è stato storicamente quello di sostenere le proprie lingue a casa, ma di avere accesso all'inglese, così che potessero sostenersi economicamente. Nel periodo di queste ondate migratorie, un numero di scuole di lingua madre o ereditaria si svilupparono al di fuori dal contesto della scuola pubblica, come offerta aggiuntiva. I programmi del fine settimana e del doposcuola pomeridiano divennero metodi per sostenere il patrimonio culturale e linguistico. Ciononostante, l'obiettivo primario dei programmi scolastici rimase quello del perfezionamento dell'inglese. I genitori immigranti usavano questi programmi per esplorare il loro nuovo ambiente e assicurarsi il loro successo e quello dei propri figli.

Il contesto immigratorio, a sua volta, favorì la legislazione e le decisioni giuridiche che poi ebbero un impatto significativo sull'istruzione bilingue. Nel 1965 le leggi sull'immigrazione verso gli Stati Uniti vennero riformate in seguito ai rapidi cambiamenti demografici. Il numero degli immigranti cinesi e dell'Asia dell'est crebbe rapidamente. Fu questa una popolazione che, prima del proprio arrivo negli Stati Uniti, non parlava inglese. La crescente popolazione ispanofona in America comprese immediatamente la necessità di avere programmi bilingue per i propri studenti. Non essendo in grado di avere accesso ai servizi necessari per il successo scolastico dei propri figli, queste comunità di immigrati iniziarono a rendersi conto che l'azione legale era necessaria per avviare una trasformazione del sistema educativo pubblico.

A New York, i genitori portoricani si attivarono con ASPIRA (un'organizzazione che sostiene le comunità latine e portoricane) e gli United Bronx Parents, per ottenere i diritti degli ELL. Al centro del proprio movimento c'era la nozione che i contesti culturali e linguistici dei bambini dovessero essere introdotti nelle scuole pubbliche. Nel 1972, ASPIRA fece causa civile chiedendo che la Città di New York fornisse istruzione scolastica in spagnolo di transizione per quegli studenti latinoamericani in difficoltà. Conseguentemente, ASPIRA firmò un decreto consensuale con il Provveditorato agli Studi nel 1974, considerato una pietra miliare nella storia dell'istruzione bilingue degli Stati Uniti; esso sancì l'istruzione bilingue come un diritto federale ottenibile legalmente per gli studenti latinoamericani e portoricani di New York, che non parlavano inglese.[cxix]

Nel 1974, un gruppo di studenti di San Francisco, di origine cinese e americana, diede inizio ad una causa civile, basandosi sulla rivendicazione dei diritti di pari opportunità educativa, a cui a loro parere avrebbero avuto diritto secondo il Title VI del Civil Rights Act del 1964, che proibisce la discriminazione sulla base dell'origine nazionale. Il caso conosciuto come *Lau v. Nichols* giocò a favore degli studenti e la corte suprema affermò che gli studenti avrebbero dovuto ricevere un'istruzione giusta e adeguata nella scuola pubblica. Questo caso epocale è diventato una base legale per gli studenti ELL e le loro famiglie, che domandarono programmi bilingue nella loro lingua nativa negli Stati Uniti, come descritto in alcuni dei fatti illustrati in questo libro. *Lau v. Nichols* mostra, fra l'altro, che l'opinione ora largamente accettata secondo cui la lingua di una persona sia strettamente intrecciata alle proprie origini nazionali, e che discriminare qualcuno per via della sua lingua d'origine sia effettivamente una discriminazione contro la propria provenienza.[cxx]

Pochi anni dopo *Lau v. Nichols* e la fine della guerra in Vietnam una nuova ondata di immigrazione da parte di rifugiati attraversò gli Stati Uniti in seguito alla legge sull'immigrazione del 1979 Southeast Asian Immigration Act. In particolare, la costa del Golfo del Messico divenne casa per migliaia di vietnamiti madrelingua, mentre i madre lingua hmong del Vietnam del nord, Laos e Cambogia si ristabilirono nel Minnesota.[cxxi] Oggi, in seguito a questa migrazione di massa, il Minnesota ospita la più vasta presenza di hmong bilingue e il più vasto gruppo di programmi bilingue hmong.[cxxii] I rifugiati da diverse zone di guerra hanno anche aiutato a rivitalizzare diverse comunità americane, particolarmente i bosniaci in Utica, a New York, i somali a Lewiston, nel Maine, e i siriani a Detroit, in Michigan.

Il superamento dei tabù bilingue in America

Il fondamentale problema dell'America monolingue riguarda la geografia degli Stati Uniti. Diversamente dal resto del mondo, dove molte popolazioni condividono confini con numerose comunità linguistiche, le opportunità di scambio linguistico negli Stati Uniti sono limitate dalla vastità geografica del territorio. Gli Stati Uniti tendono così ad essere autosufficienti. Sono, inoltre, un paese molto ricco e ben posizionato per quanto riguarda le opportunità economiche e gli standard di vita; pertanto molti americani non sentono il bisogno di imparare una seconda lingua per migliorare la loro situazione personale o professionale.

Nonostante la mentalità monolingue americana, gli esperti concordano sul fatto che il deficit di lingue straniere negli Stati Uniti impedisce la competitività globale.[cxxiii] I programmi di lingue straniere sono raramente introdotti prima delle scuole superiori, nonostante il fatto che sia molto più facile per i bambini delle scuole elementari imparare in fretta nuove lingue. Il culmine della crisi linguistica americana arrivò dopo l'11 settembre, quando venne rivelato che messaggi importanti in arabo intercettati dai servizi segreti americani non furono interpretati in tempo a causa della mancanza di traduttori. Il Dipartimento di Stato americano successivamente iniziò a finanziare programmi di immersione estiva in lingue "critiche" come l'arabo, il cinese, russo, giapponese e coreano.[cxxiv] Comunque, nonostante la ricerca di studenti universitari in un'età più matura di quella della piena acquisizione della lingua, questo sforzo non ha avuto l'impatto che avrebbe potuto avere. I programmi più brevi di immersione, come quelli estivi, sono diventati più popolari ma i loro risultati variano.

Negli gli anni fra il 1990 e il 2000, i programmi bilingue furono sotto attacco a causa della loro presunta mancanza di efficacia nell'insegnamento dell'inglese agli immigrati, e alcune campagne elettorali riuscirono ad eliminare i programmi educativi bilingue di transizione in California, Massachusetts e Arizona.[cxxv] Ciò determinò una maggiore stigmatizzazione delle popolazioni latine, di quelle asiatiche, di quelle provenienti dalle isole del Pacifico, degli africani, degli afro-caraibici, degli indigeni d'America e di altri gruppi di minoranze linguistiche. Queste tensioni rinvigorirono anche il movimento promonolingue inglese, che sfortunatamente continua tuttora a sostenere le politiche monolingue dei membri del Congresso.[cxxvi] Nonostante queste avversità, le scuole furono in grado di trovare delle vie d'uscita e iniziarono ad adottare modelli "bilingue"— celando intelligentemente l'incriminato termine "bilingue", che aveva assunto un significato negativo dal punto di vista politico.

I programmi bilingue "DL" iniziano a svilupparsi ora. Gli stati della Georgia, Delaware e Carolina del Nord, fra tutti, hanno aumentato i loro investimenti nell'immersione bilingue; il Minnesota ha corretto il proprio budget e le politiche educative per avvantaggiare i giovani studenti bilingue; New York e Oregon stanno cambiando il loro approccio strategico favorendo i risultati accademici a lungo termine per i bambini bilingue; i legislatori in California e Massachusetts hanno proposto di revocare i loro rispettivi divieti in fatto di istruzione bilingue, e così via. Il fatto che l'istruzione bilingue stia ancora una volta diventando un fatto politico, questa volta con un sostegno notevole, è indicatore del successo di questi programmi.

Nel 2000, l'allora Segretario per l'Istruzione Richard Riley richiese un aumento del numero di programmi bilingue negli Stati Uniti, da circa 260 nel 2000 a 1000 nel 2005—traguardo, questo, che, secondo i database dei programmi binari e univoci di immersione del Centro di Linguistica Applicata, è stato raggiunto.[cxxvii] Le stime non verificate attuali si avvicinano perfino a 2000 programmi bilingue negli Stati Uniti.[cxxviii] Questa crescita indica il successo dell'istruzione bilingue, nonostante il "tabù bilingue."

Un percorso statale verso un futuro bilingue

In maniera unica, lo stato dello Utah vanta il terzo posto per il numero di programmi bilingue negli Stati Uniti, con approssimativamente 140 scuole e una popolazione studentesca di 34.000 persone nel 2017. Stranamente, i programmi bilingue in Utah—uno stato geograficamente isolato da importanti centri economici—si sono sviluppati nonostante una mancanza di comunità linguistiche diverse. L'immersione di lingue straniere in Utah venne pensata, perorata e implementata grazie alla visione di forti figure politiche che identificarono un bisogno di competenze linguistiche nell'impresa, governo e istruzione. Nel 2008, il Senato dello Utah passò una Iniziativa Educativa Internazionale, fornendo fondi alle scuole dello Utah affinché iniziassero programmi di immersione bilingue in cinese, francese e spagnolo. Il tedesco e il portoghese vennero aggiunti più tardi alle offerte curricolari, e l'arabo e il russo sono alle prime fasi di programmazione futura.[cxxix]

L'iniziativa di immersione bilingue dello Utah usa un modello di immersione parziale, dove gli studenti ricevono 50% della loro istruzione nella lingua di destinazione e l'altro 50% in inglese, con due insegnanti per ogni classe. La maggior parte dei programmi dello Utah iniziano in prima, con un gruppo selezionato di pochi bambini che inizia nella scuola materna. Alla scuola superiore, gli studenti partecipanti sono invitati ad iscriversi ai corsi di lingua di Inserimento Avanzato (Advanced Placement) e a sostenere gli esami di AP World Languages and Cultures nella nona classe. A partire dalla nona alla dodicesima classe, agli studenti verrà infine offerto un corso a livello universitario attraverso le opportunità di apprendimento con sei maggiori università dello Utah. Si incoraggia lo studio di una terza lingua alla scuola superiore. La continuità dei programmi è un passo importante per l'evoluzione dell'istruzione bilingue.

L'impatto negativo della mancanza di continuità

In tutto il paese, i programmi bilingue nelle scuole pubbliche tendono a terminare dopo il secondo ciclo didattico, e solo pochissimi continuano sino alle scuole medie. Anche se i programmi continuano dopo il livello elementare, la maggioranza tende ad offrire un maggior numero di ore in inglese nella scuola media o superiore. Questo è un vero peccato in quanto nonostante i programmi bilingue offrano eccellenti opportunità per l'apprendimento linguistico alle elementari, questa mancanza di continuità diminuisce fortemente il valore delle competenze che gli studenti acquisiscono da piccoli, e conseguentemente aumenta il rischio di forte perdita di ciò che gli studenti hanno imparato a scuola. È importante notare che sono attivamente impegnato con la Boerum Hill School for International Studies—una scuola pubblica media e superiore di Brooklyn—per cercare un rimedio a questo problema, combinando un programma di "Baccalaureate" internazionale con un programma bilingue francese e inglese, dalla classe sesta sino alla dodicesima. Il mio obiettivo è dare agli studenti la possibilità di maturarsi con un diploma IB bilingue per essere pronti ad affrontare le carriere universitarie presso istituzioni riconosciute internazionalmente. Sforzi collaborativi come questi sono la chiave per mantenere il bilinguismo che i bambini acquisiscono da piccoli e per avere preservare il dono prezioso della lingua.

Mentre la globalizzazione ricompatta il nostro mondo sempre di più, è necessario riflettere sulla nostra competitività a livello internazionale. La conoscenza di molteplici lingue e culture può dare agli americani quel vantaggio, una volta che sezioni e sezioni di studenti diplomati e laureati entrano nel mondo del lavoro istruiti meglio. L'istruzione bilingue ha dimostrato di volta in volta di essere in grado di produrre risultati incredibili, ma l'intero settore americano è in stallo, per via della mancanza di mobilizzazione a livello nazionale, dovuta a falsi tabù confutati. La Rivoluzione bilingue è ora più che mai necessaria per stabilire la posizione prominente dell'istruzione bilingue, nell'interesse delle future generazioni.

Il futuro dell'istruzione è in due lingue

Negli ultimi quindici anni, le comunità linguistiche in varie città degli Stati Uniti hanno creato e sostenuto parecchi programmi bilingue, offrendo istruzione in una dozzina di lingue, alcune delle quali sono state evidenziate nei precedenti capitoli. Le storie in questo libro illustrano la passione e l'entusiasmo condiviso da tutti coloro che sono coinvolti nell'implementazione di questi programmi, e provano che è davvero possibile creare un programma bilingue partendo dalle famiglie. Nel condividere le storie della Rivoluzione bilingue di New York e la strategia che i genitori e gli educatori hanno utilizzato per raggiungere i propri obiettivi, spero che questo libro possa diventare una guida per genitori ed educatori che stiano considerando programmi simili per le proprie scuole. Le storie delle iniziative per il bilinguismo giapponese, italiano, tedesco, russo, arabo, polacco, spagnolo, cinese e francese a New York si sono sviluppate in modi diversi; tuttavia tutte ci trasmettono lo stesso consiglio: la visione di pochi ha il potere di galvanizzare un intero movimento che introduce l'istruzione bilingue a nuove comunità nelle scuole pubbliche in tutta la nazione e in tutto il mondo. Questi programmi non sono più dei programmi qualsiasi di lingue. Questi programmi rafforzano e sostengono le lingue che vengono parlate nelle case delle nostre comunità. Promuovono i valori della diversità culturale per ogni società nel XXI secolo ed oltre.

Quando pensiamo al "mondo globale" nel quale viviamo oggi, non possiamo più accettare l'idea che parlare inglese sia sufficiente. In parole povere, gli Stati Uniti rimangono indietro e perdono opportunità. Le persone di tutto il mondo imparano l'inglese e divengono multilingue a loro volta. È fondamentale che qui, negli Stati Uniti, si possa leggere, scrivere e comunicare in più di una lingua. Se non riusciamo a liberarci dalla nostra indifferenza, non arriveremo mai a dare valore ai benefici personali, sociali, professionali e accademici che il bilinguismo offre. Per usare un motto di Gregg Roberts, il precedente Specialista dei Programmi Mondiali e di Immersione Bilingue nello stato dello Utah: "Il monolinguismo è l'analfabetismo del XXI secolo."

La maggior parte degli individui non anglofoni che vengono negli Stati Uniti perdono la propria lingua natia nel giro di due generazioni. I nipoti e i nonni perdono la capacità di comunicare fra loro. È perfino possibile che i bambini e i loro genitori perdano la capacità di comunicare fra loro in maniera espressiva. Molte delle famiglie presentate in questo libro non erano disposte a stare a guardare senza fare qualcosa. Questi genitori hanno creduto nei benefici che derivano dalla conservazione della propria identità culturale, trasmessa da una generazione all'altra, che ha fornito l'accesso a tesori letterari, alla cultura e alla storia della comunità d'origine, così come alla promozione di un senso di appartenenza, di orgoglio e d'identità. Questi genitori hanno capito che i programmi bilingue possono contribuire ad una società vivace, ricca e diversificata. Soprattutto hanno capito che il bilinguismo riguarda le famiglie. Consiste nel sostenere quello che noi tutti siamo, in modi efficaci che vanno oltre l'apprendimento linguistico.

Nella nostra società contemporanea, l'inglese ha il potere di cancellare altre lingue—lingue che sono incredibilmente preziose e che possono incorporare culture ricche, storie e conoscenza. Insieme a questo dominio linguistico vengono le forti influenze che fanno parte dell'americanizzazione e assimilazione, entrambe portate avanti in maniera estrema. Sebbene l'apprendimento linguistico sia una preoccupazione mondiale, la Rivoluzione bilingue inizia a livello locale nei quartieri, scuole e comunità. Senza che nessuno lo spieghi loro, molti bambini capiscono il peso che l'inglese porta nell'ambiente monolingue. Il risultato è spesso che la loro lingua nativa appare in una luce nuova e negativa. Invece di soccombere a tale pressione, dobbiamo insegnar loro, ai genitori, alle loro scuole e alle loro comunità, che essere bilingue è la cosa migliore. Più riusciamo a comunicare all'interno delle nostre comunità, così come con altre, più forte sarà il nostro tessuto sociale.

Come abbiamo visto in questo libro, non è sempre facile creare programmi bilingue dal basso. Detto questo, se i genitori seguono la strategia e le autorità scolastiche sviluppano linee guida più chiare e meccanismi di sostegno, iniziative dal basso come queste saranno in grado di operare in maniera più efficace e avranno più garanzia di successo. Il duro lavoro, l'autonomia e la perseveranza descritta in queste iniziative bilingue ci indicano che il nostro intero sistema educativo negli Stati Uniti oggi deve essere trasformato in qualcosa di diverso da quello che è ora. Le scuole devono andare incontro alla crescente domanda di istruzione bilingue accettandola senza condizioni.

Nei casi esaminati in questo libro, sono stati i genitori che hanno lavorato infaticabilmente per integrare con successo i programmi bilingue alle loro scuole. Sono stati i genitori che hanno dedicato una incredibile quantità di tempo, energia e impegno alle loro imprese. Sono stati i genitori che hanno ricercato, pianificato e implementato questi nuovi programmi alle scuole locali. Sono stati i genitori che hanno creato degli ingranaggi ben lubrificati e ideato strategie degne di nota, finalizzate a localizzare e raggiungere le scuole e avvicinare le famiglie. Anche quando le fondamenta sono state create e il programma bilingue non si è materializzato in tempo, i genitori hanno continuato con determinazione. Nonostante le difficoltà, i ritardi e le procedure burocratiche senza fine, questi genitori, gli insegnanti e gli amministratori scolastici non si sono arresi. Questo gruppo ha fatto fare alle loro comunità, e anche al loro paese, un enorme progresso.

Come in ogni rivoluzione, diverse sono le prove da superare prima di riuscire a replicare un'idea su vasta scala. Al centro di queste prove ci sono i preventivi di spesa scolastica e i finanziamenti. Quasi tutte le scuole che sono state avvicinate dai genitori in questo libro hanno parlato del loro bisogno di risorse finanziarie addizionali per potersi permettere questi programmi. L'accesso ai materiali educativi nelle lingue di destinazione è un altro problema ricorrente che gli educatori bilingue hanno affrontato. La scarsità e il costo dei materiali educativi essenziali presentano seri ostacoli per le scuole, soprattutto per coloro che non hanno risorse adeguate. Per superare queste prove, la collaborazione fra gli amministratori scolastici, le fondazioni e le organizzazioni comunitarie locali filantropiche è di enorme importanza. Molto del successo dell'istruzione bilingue sta nel sostegno risoluto di queste fruttuose collaborazioni.

Un'altra prova similmente forte è costituita dalla difficoltà di trovare e assumere insegnanti bilingue. La legislazione che descrive i requisiti necessari per insegnare nelle scuole pubbliche negli Stati Uniti varia da stato a stato. Questo fatto restringe il numero dei candidati in maniera significativa. Le certificazioni nazionali, al posto di quelle statali, aiuterebbero in modo significativo a superare questi ostacoli amministrativi. Ulteriori complicazioni emergono dal fatto che un numero limitato di insegnanti bilingue sono cittadini americani o possiedono la "carta verde". Sebbene le scuole possano offrire dei visti agli insegnanti che si sono candidati per diventare insegnanti bilingue, si tratta solo di visti temporanei. Solo alcuni stati permettono l'uso di queste procedure di assunzione se nessun altro insegnante con la certificazione americana statale è qualificato per fare lo stesso lavoro. Questo riduce in maniera significativa le opzioni scolastiche, soprattutto se desiderano madrelingua nativi della lingua di destinazione in modo da creare un ambiente di immersione linguistica. Questo problema è esacerbato nelle scuole situate nelle periferie dei centri urbani. Fortunatamente, c'è una soluzione a lungo termine per questo problema. Quando gli attuali studenti dei programmi bilingue si laureano e diventano insegnanti, hanno la possibilità di diventare insegnanti bilingue capaci, qualificati e certificati. Questo potenziale futuro gruppo di educatori bilingue abilitati può cambiare tutto. Una volta che il bilinguismo diventa la regola invece dell'eccezione, i candidati qualificati diventano meno difficili da trovare. Una volta che si è data l'opportunità a questi programmi di espandere, diventano programmi sostenibili.

Ci sono alcuni segni precisi e rincuoranti di un inizio di apertura da parte degli americani, di disponibilità a pensare oltre i confini del proprio paese, e di riconoscere la ricchezza e la diversità che fa parte della loro cultura. Parlare una seconda lingua oltre l'inglese sta diventando sempre più comune per gli americani, grazie all'immigrazione. Allo stesso tempo, l'interesse nei confronti del bilinguismo è aumentato, grazie alla consapevolezza - da parte dei genitori - dei suoi innegabili vantaggi. Il bilinguismo e il multilinguismo sono ora vissuti come una risorsa, non solo per le loro virtù culturali, ma anche per le loro abilità di produrre cittadini globali. Non ci dovrebbe essere alcun dubbio: un'istruzione bilingue dovrebbe essere disponibile per ogni bambino, negli Stati Uniti e ovunque nel mondo.

La Rivoluzione bilingue è stata costruita su fondamenta create da genitori. Ora, tutto dipende da loro. La strategia e le storie descritte in questo libro sono dedicate a loro. Imparando dai loro successi e dalle loro sconfitte, possono usare queste esperienze per motivare e coinvolgere la comunità. Devono sapere che fino alla fine saranno sostenuti da un movimento globale che crede nella forza del bilinguismo. Con sincero ottimismo e speranza, passo il testimone della Rivoluzione bilingue. Il futuro dell'istruzione può essere in due lingue e sta a tutti noi crearlo.

APPENDICE

La strategia (versione ridotta)

Questa è lo schema della strategia pensata per i genitori che sono interessati a creare un programma bilingue nella scuola pubblica. I genitori possono fare la differenza nelle loro comunità, attivando i programmi bilingue, a prescindere da dove sono locati.

La strategia è divisa in tre fasi:

1. Raggiungere la comunità	Creare una base di famiglie interessate
2. Localizzare la scuola	Trovare un preside interessato al programma bilingue
3. Avviare il programma	Offrire sostegno al preside per programmare l'avvio

Prima fase

La comunità: creare un gruppo di famiglie interessate al bilinguismo scolastico

Per realizzare questa fase è necessario trovare un ampio gruppo di persone—l'ideale sarebbe un centinaio—e formare una base di famiglie interessate a conoscere a fondo l' opportunità del bilinguismo nella scuola pubblica. Si può iniziare a formare un nucleo di genitori fra le persone conosciute e degne di fiducia. Si tratta di coloro che condividono una visione positiva del bilinguismo, anche se non hanno bambini che beneficeranno direttamente della iniziativa.

Nel caso non sia ancora chiara la lingua di destinazione (target), ma si sia già interessati all'istruzione bilingue come metodo educativo, è preferibile puntare sulla lingua originaria della comunità in modo da poter fare una stima del sostegno che si otterrà. La comprensione delle sfumature, necessaria per comprendere la proposta è fondamentale, così come l'identificazione di partner e imprenditori del mondo educativo all'interno della cultura "target", che aiuterà a facilitare il progetto, presentandolo in modo tale da renderlo interessante agli occhi della comunità.

Idee per trovare le famiglie interessate:

- Pubblicare un annuncio attraverso i social media, la comunità e i blog dedicati ai genitori—lettere, volantini, poster o passaparola nei quali si ricercano persone interessate alla creazione di un programma bilingue in una lingua specifica;
- Cercare le reti operativi delle imprese, dei centri religiosi, dei centri comunitari, e bambini che sono madrelingua o che parlano un'altra lingua all'interno del proprio distretto scolastico;
- Distribuire lettere o volantini ogni qualvolta ci si presenta a riunioni o si fanno presentazioni;
- Contattare gli asili e le scuole materne, i programmi "Head Start", le scuole private, le scuole linguistiche, i centri culturali, le istituzioni religiose, le associazioni genitoriali e le agenzie municipali che sostengono le famiglie;
- Iniziare a dialogare con i genitori al parco giochi, nei negozi, ai supermercati, e in scuole dove le famiglie potrebbero essere alla ricerca di opzioni per i figli piccoli;
- Indossare abiti, cappelli o tesserini di riconoscimento che attirino l'interesse di altri genitori.

Una volta che il gruppo ha trovato abbastanza volontari, può iniziare ad organizzare i vari comitati per dividersi i vari compiti. Tra i comitati possibili, includiamo quello che si occupa di comunicare con la comunità della zona, quello che si occupa di trovare la scuola e quello che si concentra sul curriculum. Ulteriori comitati possono anche essere inclusi durante le diverse fasi del processo basandosi sui bisogni più urgenti della propria iniziativa, ad esempio l'assunzione dell'insegnante, le collette, o il doposcuola.

La raccolta dei dati

Il comitato che si occupa della comunità dovrebbe concentrarsi nella raccolta di dati pertinenti alle famiglie su:

- Il numero di famiglie potenzialmente interessate nel programma;
- Le lingue parlate a casa e capite dai bambini;
- Le date di nascita dei bambini e la prevista data di inizio scolastico;
- Distretto scolastico delle famiglie, o area;

Questa raccolta di dati aiuterà a determinare se il programma bilingue che la comunità sosterrà sarà unidirezionale o bidirezionale:

- Unidirezionale o "one-way": con un solo gruppo di bambini che parla la stessa lingua, che ricevono istruzione in un'altra;
- Bidirezionale o "two-way": con due gruppi di bambini distinti in un gruppo di madrelingua direzionale e uno la cui lingua è la lingua ufficiale o nazionale, in questo caso l'inglese.

Questa decisione si baserà sul numero di iscritti madrelingua. Per stabilire un numero di studenti ci sarà bisogno di verificare la media di bambini iscritti in una classe nel proprio distretto scolastico e le direttive in base alle quali ogni distretto scolastico opera per quanto riguarda i bambini la cui lingua madre non è l'inglese.

Pertanto, potrebbe essere necessario:

- Determinare il numero di bambini per distretto scolastico o zona, che sono considerati non madrelingua inglese o ELL;
- Determinare il numero di bambini bilingue per distretto scolastico o zona che sono considerati bilingue;
- Determinare il numero dei bambini per distretto scolastico o zona, che sono considerati di madre lingua

nazionale (in questo caso, inglese) che non hanno alcuna conoscenza della lingua "target" ma le cui famiglie sono convinte dell'istruzione bilingue come metodo educativo in quella lingua prescelta;

- Questi dati forniranno una visione su come il programma bilingue possa servire a fini diversi. Questo tipo di analisi potrebbe anche servire per attirare finanziamenti supplementari a quelli ricevuti dalle agenzie statali o dalle organizzazioni filantropiche, particolarmente quelle che sostengono gli English Language Learners (ELL).

Di solito, la base che comprende le famiglie che intendono iscrivere i propri figli al programma è ampia ma si riduce notevolmente dopo il primo giorno di scuola. Pertanto, è consigliabile trovare più studenti di quelli che sono necessari per aprire un programma bilingue nella propria scuola.

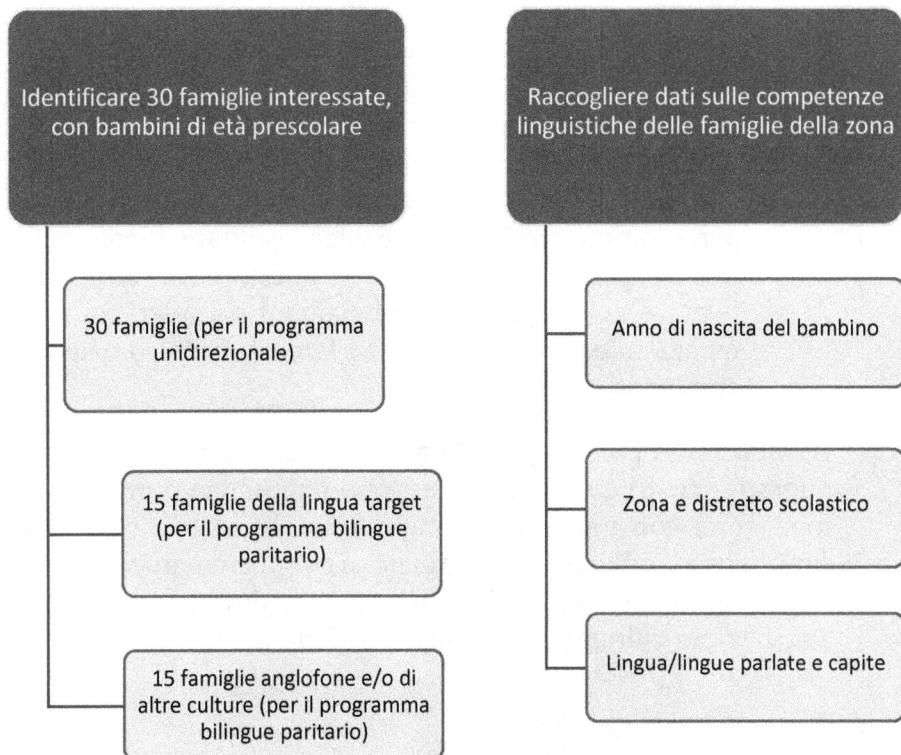

Identificare 30 famiglie interessate, con bambini di età prescolare	Raccogliere dati sulle competenze linguistiche delle famiglie della zona
30 famiglie (per il programma unidirezionale)	Anno di nascita del bambino
15 famiglie della lingua target (per il programma bilingue paritario)	Zona e distretto scolastico
15 famiglie anglofone e/o di altre culture (per il programma bilingue paritario)	Lingua/lingue parlate e capite

Presenza nella comunità

Un compito importante da intraprendere agli inizi dell'operazione è la costituzione di una base di sostegno all'interno della comunità che comprende individui autorevoli, rappresentanti politici e organizzazioni di sostegno.

Questo significa:

- Essere presenti durante gli incontri comunitari e informare il pubblico dell'iniziativa a sostegno del programma bilingue;
- Prendere un appuntamento con i leader scolastici (Istruzione—sezione statale, il Sovrintendente di distretto, l'ufficio dei programmi ELL, etc) a cui mostrare i propri dati e a cui porre domande;
- Invitare i presidi scolastici in questi incontri per comprendere il valore dell'istruzione bilingue;
- Scambiare informazioni con associazioni genitoriali, coordinatori delle famiglie di scuola e insegnanti;
- Mobilitare i Consigli scolastici comunitari, i provveditorati, le circoscrizioni cittadine;
- Organizzare riunioni informali presso le caffetterie, i ristoranti, i panifici e pasticcerie, a casa o in spazi pubblici per promuovere le proprie idee, valutare l'interesse, o trovare potenziali famiglie. In questo caso, si possono invitare uno o più enti associazioni o leader, fra quelli menzionati sopra, e invitarli a fare un discorso o lasciare commenti.

Mettersi in contatto con le ambasciate, i consolati, i consoli onorari, i centri culturali che servono una lingua o un paese, le fondazioni con interesse nel campo dell'istruzione o sviluppo comunitario, uffici turistici, camere di commercio internazionali o sezioni che sostengono le imprese di due o più paesi, le associazioni culturali tradizionali e le federazioni.

Comitato di sostegno al curriculum

Il comitato di sostegno al curriculum può fornire assistenza a varie fasi del processo nei seguenti modi:

- Preparare e rendere pubblica l'informazione riguardante i benefici dell'istruzione bilingue durante le sessioni informative con i genitori della comunità;
- Visitare quelle scuole che hanno programmi bilingue, per identificare le attività più efficaci e per vedere direttamente come viene amministrato un programma;
- Interagire con i programmi bilingue già in vigore e indagare sul coinvolgimento dei genitori, adesione al programma, sostenibilità, collette, risorse necessarie al programma, insegnanti e sostegno amministrativo;
- Incontrare e invitare i genitori che sono riusciti a creare un programma bilingue e imparare dalle loro esperienze.

Seconda fase

Lo sviluppo di una motivazione che giustifichi il programma e la ricerca della scuola

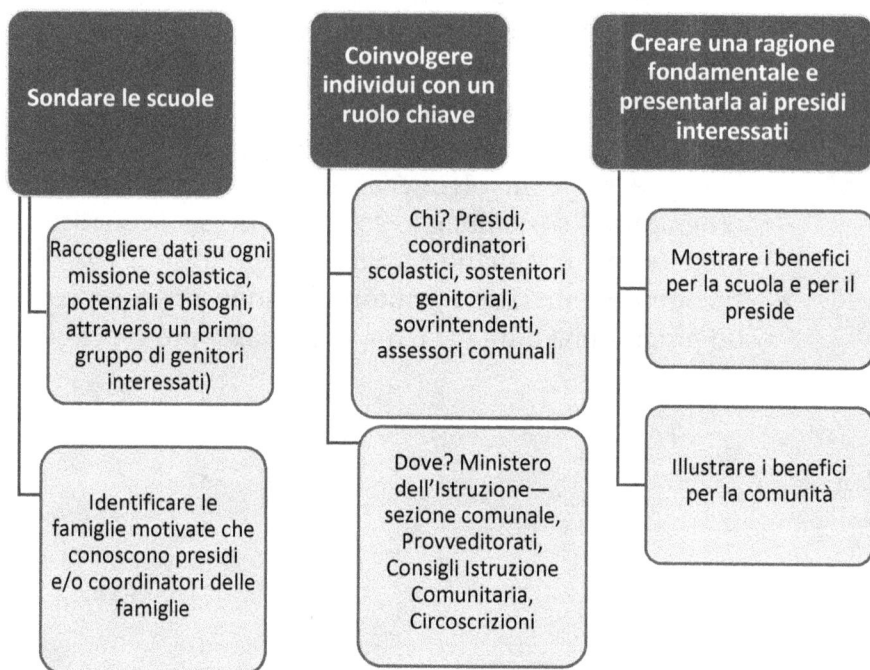

Sondare le scuole	Coinvolgere individui con un ruolo chiave	Creare una ragione fondamentale e presentarla ai presidi interessati
Raccogliere dati su ogni missione scolastica, potenziali e bisogni, attraverso un primo gruppo di genitori interessati)	Chi? Presidi, coordinatori scolastici, sostenitori genitoriali, sovrintendenti, assessori comunali	Mostrare i benefici per la scuola e per il preside
Identificare le famiglie motivate che conoscono presidi e/o coordinatori delle famiglie	Dove? Ministero dell'Istruzione—sezione comunale, Provveditorati, Consigli Istruzione Comunitaria, Circoscrizioni	Illustrare i benefici per la comunità

Alla fine del lavoro collaborativo, i vari comitati devono essere pronti a presentare i dati al preside e poi alla comunità scolastica. Prima di contattare un preside con la propria idea, è consigliabile costruire una strategia locale e un'argomentazione persuasiva che aiuterà a convincere tutti dell'importanza della proposta.

Gli argomenti a favore dei programmi bilingue includono:

- Un nuovo preside potrebbe cercare notorietà e un programma bilingue sarebbe un modo concreto per iscriversi nelle memorie della scuola e della comunità;
- Un programma di successo può portare molta visibilità

ad una scuola, migliorare la sua reputazione e attirare nuove fonti di finanziamenti;

- Un programma bilingue impartisce il dono della seconda lingua per tutta la vita, a tutti i bambini della comunità;
- I programmi bilingue salvaguardano la lingua e la cultura d'origine delle famiglie di seconda o terza generazione, e possono essere condivisi con tutti i bambini;
- Le famiglie altamente motivate si aggiungono alla scuola ogni anno, portando con loro la determinazione a sostegno della scuola in molti modi, dalle collette ad attività di vario genere;
- Le famiglie bilingue possono anche introdurre elementi come le arti, la musica e la gastronomia presso la comunità scolastica, facendo leva sulle proprie conoscenze, per aiutare a costruire dei programmi di doposcuola forti, migliori mense, gite scolastiche, formazione etc;
- Il programma bilingue può dare una nuova identità alla scuola o ad una scuola con spazi non utilizzati in pieno e aule vuote;
- Avere diverse scelte di qualità nel distretto può aiutare ad alleviare il sovrappopolamento scolastico di scuole competitive e affermate, attraendo più famiglie di classe media verso scuole oggi svantaggiate ed esplorando il vantaggio dell'integrazione socioeconomica che i programmi bilingue possono apportare;
- Talvolta, un distretto scolastico o il Ministero dell'Istruzione fornisce fondi per la pianificazione, lo sviluppo curricolare e professionale per gli insegnanti e per lo staff;
- Ulteriore aiuto finanziario e logistico può anche arrivare alla scuola da partner e organizzazioni interessati alle lingue offerte o alle comunità che ne beneficiano (ad es. le ambasciate, i consolati, le imprese e le fondazioni).

Quando un preside scolastico concede un colloquio è opportuno presentare i dati e il progetto seguendo metodi professionali, parlando dei benefici ai bambini e alla comunità come il fulcro della propria iniziativa. È ugualmente consigliabile produrre documenti che mostrano in dettaglio la demografia delle famiglie in arrivo per anno e per zona scolastica, e la spiegazione di come il fondo bilingue è garantito negli anni a venire dal ministero o da partner esterni. Dopo aver incontrato un preside preparato, sarebbe opportuno invitare altri sostenitori, soprattutto fra i genitori, gli insegnanti e i membri della comunità. In seguito, potranno essere chiamati i rappresentanti del governo straniero, i rappresentanti eletti e i donatori. Seguendo questi passi, è possibile costruire una tesi forte a sostegno del programma. La fiducia di una comunità di genitori ed educatori sarà garantita. Insieme possiamo davvero costruire un programma bilingue di successo.

Terza fase

La creazione di un programma bilingue di successo

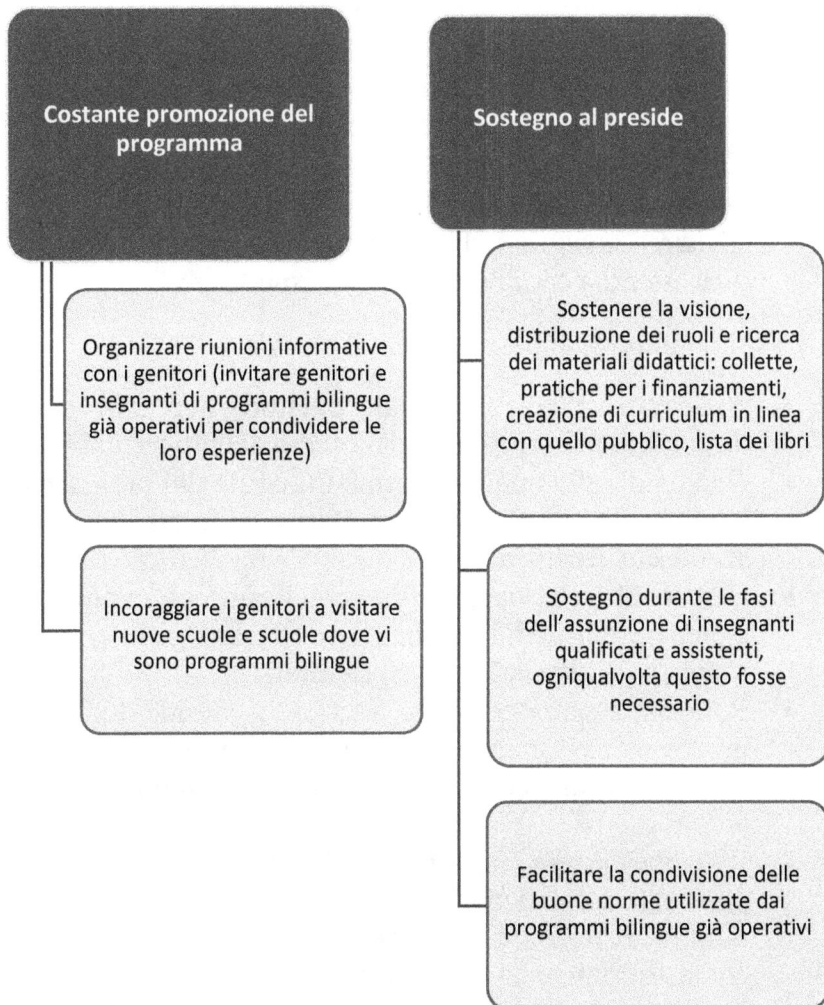

Costante promozione del programma	Sostegno al preside
Organizzare riunioni informative con i genitori (invitare genitori e insegnanti di programmi bilingue già operativi per condividere le loro esperienze)	Sostenere la visione, distribuzione dei ruoli e ricerca dei materiali didattici: collette, pratiche per i finanziamenti, creazione di curriculum in linea con quello pubblico, lista dei libri
Incoraggiare i genitori a visitare nuove scuole e scuole dove vi sono programmi bilingue	Sostegno durante le fasi dell'assunzione di insegnanti qualificati e assistenti, ogniqualvolta questo fosse necessario
	Facilitare la condivisione delle buone norme utilizzate dai programmi bilingue già operativi

Una volta che il preside decide di appoggiare il programma, è necessario che le famiglie si riuniscano per valutare diversi altri aspetti:

- È importante assicurarsi il numero di famiglie richiesto e assicurarsi che iscrivano i propri figli al programma;
- Organizzare le visite scolastiche e dare presentazioni durante eventi scolastici, in modo da iscrivere più famiglie, se lo spazio lo consente;
- Continuare a promuovere il programma;
- Organizzare riunioni informative per i genitori;
- Invitare i genitori e gli insegnanti di programmi bilingue preesistenti a condividere le loro esperienze.

Ci sono molti modi per sostenere il preside:

- Assicurarsi che i materiali didattici necessari siano disponibili nei primi mesi dall'inizio del programma;
- Condividere le migliori norme utilizzate dai programmi bilingue già attivi, dopo aver visitato ed interagito con le scuole che li offrono;
- Cercare libri che siano in linea con il curriculum pubblico e preparare liste di libri che possono essere ordinati dalla scuola o da altri genitori e sostenitori;
- Potrebbe essere necessario assistere il preside durante il processo di assunzione, in quanto la ricerca di insegnanti bilingue competenti e qualificati e assistenti è spesso ardua;
- Potrebbe essere necessario aiutare gli insegnanti e personale scolastico o genitori offrendo di interpretare e tradurre risorse anche durante i colloqui di lavoro, così come esprimere la propria opinione sulla competenza linguistica dei candidati.

Il comitato per la raccolta di fondi e di finanziamenti può cominciare a svolgere i seguenti compiti:

- Organizzare eventi e preparare la bozza delle lettere per le richieste di fondi o donazioni che sosterranno le attività in classe, la biblioteca, e la scuola;
- Richiedere l'aiuto di uno specialista bilingue o consulente che sia in grado di preparare gli insegnanti e gli assistenti, sviluppare il curriculum e ottenere materiali educativi da parte di fornitori nazionali o internazionali.
- Aiutare a compilare i moduli con le proposte di finanziamento per ottenere dei fondi aggiuntivi dal distretto, dallo stato, dalle agenzie federali, dalle fondazioni e dai governi stranieri.

APPENDICE 2

Risorse

thebilingualrevolution.info

- Unirsi alla comunità, contribuire e sostenerla
- Guardare video, seguire raccomandazioni e leggere i nostri suggerimenti
- Ricevere gli aggiornamenti di *The Bilingual Revolution*
- Scaricare risorse come le presentazioni e le locandine o i poster pronti per l'uso e/o modificabili
- Trovare programmi già attivi
- Identificare altri colleghi rivoluzionari nelle vicinanze e formare un nuovo gruppo
- Ordinare poster e materiali
- Seguire seminari a distanza (e-learning)
- Ottenere l'attenzione di esperti
- Sponsorizzare la traduzione di questo libro
- Comprare libri all'ingrosso per le fiere, gli eventi e le conferenze

NOTE

Dall'introduzione

[i] Harris, Elizabeth A., "New York City Education Department to Add or Expand 40 Dual-Language Programs.", *The New York Times*, 14 gennaio 2015.

[ii] Per maggiori informazioni sui mandati e le politiche dell'istruzione bilingue per stato, consultare il sito web di New America.

[iii] U.S. Department of Education, "Dual-Language Education Programs: Current State Policies and Practices"

Note al Capitolo 1

[iv] I seguenti precedenti legali hanno avuto un impatto significativo sull'istruzione bilingue negli Stati Uniti, e nel garantire ai bambini con limitata conoscenza dell'inglese il diritto di ricevere istruzione nella loro lingua madre e in inglese: *Meyer v. Nebraska*; *Lau v. Nichols*; *Serna v. Portales*; *Aspira v. N.Y. Board of Education*; *Keyes v. School District No. 1, Denver, Colorado*; *Flores v. Arizona*; *Castaneda v. Pickard*. Read also The Bilingual Education Act and No Child Left Behind which have also impacted bilingual education.

[v] Per maggiori informazioni su questo argomento, leggere Christine Hélot & Jürgen Erfurt, *L'éducation bilingue en France: politiques linguistiques, modèles et pratiques*.

[vi] Helen Ó Murchú, The Irish language in education in the Republic of Ireland.

[vii] Canadian Parents for French, The State of French-Second-Language Education in Canada 2012: Academically Challenged Students and FSL Programs.

[viii] Intervista a Robin Sundick, preside di P.S.84. 10 Luglio, 2015.

[ix] Per saperne di più, leggere Thomas & Collier, The Astounding Effectiveness of Dual-Language Education for All".

[x] Intervista a Heather Foster-Mann, preside di PS 133, tratto da un rapporto della Ambasciata Francese sui programmi bilingue francesi negli Stati Uniti.

[xi] Intervista a Marie Bouteillon, ex insegnante a P.S.58 e Consulente esperta di programmi e preparazione del curriculum

bilingue, 19 Maggio, 2016.

[xii] Ad esempio, una organizzazione 501(c) negli Stati Uniti è una non profit con esenzione di tasse che può ricevere contributi da individui, corporation e gruppi sindacali, senza limiti, è inclusa nella categoria 501(c)(3) nel U.S. Internal Revenue Code, laddove una organizzazione non profit è esente da tasse sul reddito se le sue attività hanno i seguenti scopi: filantropia, religione, istruzione, scienza, letteratura, assestamento della sicurezza pubblica, gare di sport amatoriali o la prevenzione della crudeltà su bambini o animali.

[xiii] Intervista a Gretchen Baudenbacher, genitore e presidente dell'associazione dei genitori a P.S.110. 1 Marzo, 2016.

Note al Capitolo 2

[xiv] Intervista a Yuli Fisher, 26 Gennaio, 2016.

[xv] Verdugo Woodlands Elementary and Dunsmore Elementary School nel distretto scolastico Glendale Unified.

[xvi] Intervista a Aya Taylor, Specialista Programmi presso il distretto scolastico Glendale Unified, 22 Gennaio, 2016.

[xvii] Intervista a Jeffrey Miller, Direttore dell'Istruzione e Programmi per le Famiglie presso la Japan Society. 19 Gennaio, 2016.

[xviii] Intervista a Yumi Miki, genitore e co-fondatore della iniziativa JDLP. 19 Gennaio, 2016.

[xix] Intervista a Hee Jin Kan, genitore e co-fondatore della iniziativa JDLP. 2 Febbraio, 2016.

[xx] Intervista a Yuli Fisher, 26 Gennaio, 2016.

[xxi] *Ibid.*

[xxii] Intervista a Monica Muller, genitore della scuola P.S. 147 e co-fondatore della iniziativa JDLP. 23 Febbraio, 2016.

[xxiii] 501(c)3 Vedi discussione e definizione nel Capitolo 3.

[xxiv] Intervista a Mika Yokobori, genitore della scuola P.S. 147. 15 Gennaio, 2016.

Note al Capitolo 3

[xxv] Intervista a Marcello Lucchetta, 25 Gennaio, 2016.

[xxvi] *Ibid.*

[xxvii] Intervista a Jack Spatola, Preside di P.S. 172, 9 Marzo, 2016.

[xxviii] Intervista a Joseph Rizzi, Direttore dei Programmi alla

Federazione delle Associazioni italiane americane (FIAO). 13 Novembre, 2016.

[xxix] Intervista a Louise Alfano, Preside di P.S. 112. 13, Novembre 2016.

[xxx] Estratto da Rachel Silberstein, New York's First Italian Dual-Language Preschool Coming to Bensonhurst (Bensonhurst Bean).

Note al Capitolo 4

[xxxi] Intervista con Gabi Hegan, Fondatore di CityKinder. February 19, 2016.

[xxxii] Intervista con Sylvia Wellhöfer. 29 Gennaio 2016.

[xxxiii] *Ibid.*

Note al Capitolo 5

[xxxiv] "Out of many, one" (il motto degli Stati Uniti).

[xxxv] Sondaggio, American Community Survey 2015.

[xxxvi] Intervista a Tatyana Kleyn, Professore di Istruzione Bilingue al City College of New York. 11 Marzo, 2016.

[xxxvii] I.S. è l'abbreviazione di intermediate school, ossia scuola media, classi 6, 7 e 8.

[xxxviii] Intervista a Maria Kot, genitore alla scuola P.S. 200. 4 Marzo, 2016

[xxxix] *Ibid.*

[xl] Intervista a Julia Stoyanovich e Olga Ilyashenko, 25 Febbraio, 2016

Note al Capitolo 6

[xli] French Morning e France-Amérique

[xlii] Per ulteriori informazioni riguardo a questa storia controllare Jane Ross e Fabrice Jaumont, Building bilingual communities: New York's French bilingual revolution."

[xliii] Amy Zimmer, "How school's French dual-language programs are changing NYC neighborhoods. DNA Info". 26 Maggio, 2015.

[xliv] Intervista a Virgil de Voldère, genitore di P.S.84. 10 Aprile, 2013.

[xlv] Intervista a Talcott Camp, genitore di P.S.84. 10 Giugno, 2016.

xlvi Fondata nel 1904, la Société des Professeurs de Français et Francophones d'Amérique sostiene insegnanti e ricercatori interessati alla lingua francese e alle culture francofone.

xlvii Fondata nel 1955, FACE è una organizzazione non profit 501(c)3 che ha l'obiettivo di alimentare le relazioni franco-americane attraverso progetti internazionali innovativi nel campo delle arti, istruzione/formazione, e scambi culturali. FACE ha sede presso i Servizi Culturali della Ambasciata di Francia a New York, ed è controllata da un Consiglio della Fondazione, è al servizio di una vasta rete di sostenitori attraverso i suoi programmi cinematografici e fornisce sostegno a varie iniziative attraverso la sua collaborazione con i Servizi Culturali della Ambasciata di Francia.

xlviii Kirk Semple, "A big advocate of French in New York's schools: France", *The New York Times*, 30 Gennaio, 2014.

xlix Internationals Network for Public Schools è una organizzazione educativa nonprofit che sostiene le scuole superiori internazionali e le accademie, servendo gli immigrati di recente arrivo, che sono parlanti di inglese come seconda lingua a New York, California, Kentucky, Maryland, Virginia, e Washington, DC. Internationals Network collabora con altre scuole e distretti nell'intero paese.

Note al Capitolo 7

i Donna Nevel, "The Slow Death of Khalil Gibran International Academy", Chalkbeat.

li *Ibid.*

lii Andrea Elliot, "Muslim educator's dream branded a threat in the U.S., *The New York Times*.

liii Pubblicato sul sito web della scuola 26/8/2016.

liv Randa Kayyali, "The people perceived as a threat to security: Arab Americans since September 11".

lv Intervista a Zeena Zakharia. 23 Giugno, 2016.

lvi *Ibid.*

lvii Intervista a Carine Allaf, Direttore dei Programmi presso la fondazione Qatar Foundation International. 2 Febbraio, 2016.

lviii Intervista a Mimi Met, Consulente Indipendente. 8 Marzo, 2016.

lix "Our Mission", dal sito web dell'organizzazione di 10 Agosto, 2016.

lx *Ibid.*

lxi Dal sito web "I Speak Arabic" 5 Agosto 2016.

lxii Karen Zeigler e Steven Camarota, One in five U.S. Residents speak foreign language at home.

lxiii Intervista a Carol Heeraman, Preside di P.S./I.S. 30. 8 Marzo, 2016.

Note al Capitolo 8

lxiv American Community Survey, 2015.

lxv William Galush "For more than bread: Community and identity in American Polonia, 1880-1940".

lxvi Christopher Gongolski e Michael Cezarczyk, "Two languages, one home", *Greenpoint News*.

lxvii Intervista a Julia Kotowski, genitore di P.S.34. 16 Giugno, 2016.

lxviii Intervista a Elizabeth Czastkiewicz, insegnante di scuola materna di P.S. 34. 16 Giugno, 2016.

lxix Intervista a Carmen Asselta, Preside di PS34. 16 Giugno, 2016.

lxx Intervista a Elizabeth Czastkiewicz, insegnante di scuola materna di P.S. 34 16 Giugno, 2016.

lxxi Intervista a Alicja Winnicki, Sovrintendente del Distretto 14. 6 Giugno, 2016.

lxxii Intervista a Julia Kotowski, genitore di P.S. 34. 16 Giugno, 2016.

lxxiii Intervista a Carmen Asselta, Preside di P.S. 34. 16 Giugno, 2016.

lxxiv Intervista a Alicja Winnicki, Sovrintendente del Distretto 14. 6 Giugno, 2016.

lxxv *Ibid.*

Note al Capitolo 9

lxxvi Intervista a Ofelia Garcia, Professore all'università CUNY Graduate School. 14 Giugno, 2016.

lxxvii Intervista a Carmen Dinos, 19 Maggio, 2015.

lxxviii *Ibid.*

lxxix Milady Baez, Vice Provveditore Scolastico a NYC, messaggio introduttivo alla riunione per il programma bilingue russo presso la Columbia University a New York. 12 Maggio, 2016.

[lxxx] *Ibid.*

[lxxxi] Ministero dell'Istruzione di NYC, il Provveditore Fariña nomina 15 scuole Programmi Bilingue Modello.

[lxxxii] Scaricato dal sito web scolastico—20 Agosto, 2016.

[lxxxiii] Carla Zanoni, "Principal Miriam Pedraja teaches uptown children two languages at a time", Chalkbeat.

[lxxxiv] Intervista a Maria Jaya, genitore fondatrice e co-direttore di Cypress Hills Community School. 19 Settembre, 2016.

[lxxxv] Per ulteriori informazioni sulla scuola, leggere Laura Ascenzi-Moreno e Nelson Flores, A Case Study of Bilingual Policy and Practices at the Cypress Hills Community School."

Note al Capitolo 10

[lxxxvi] U.S. News Report High School Rankings: High School for Dual Language and Asian Studies. Dal sito web U.S. News 23 Agosto, 2016.

[lxxxvii] "Mission", dal sito web scolastico, 23 agosto, 2016.

[lxxxviii] Stralcio tratto da Castellón, M., Cheuk, T., Greene, R., Mercado-García D., Santos, M., Skarin, R., Zerkel, L., "Schools to Learn from: How Six High Schools Graduate English Language Learners College and Career Ready."

[lxxxix] Intervista a Ron Woo, Professore a Bank Street College, e Consulente presso il NYU Metropolitan Center for Research on Equity and the Transformation of Schools. 16 Giugno, 2015.

[xc] Il China Institute in America è una istituzione educativa e culturale non profit a New York City, che fu fondata nel 1926 da un gruppo di illustri educatori che comprendono John Dewey, Hu Shih, Paul Monroe e Dr. Kuo Ping-wen. È la più vecchia organizzazione bi-culturale in America, dedita esclusivamente alla Cina.

[xci] Fondata nel 1956 da John D.Rockefeller 3rd, la Asia Society è la prima organizzazione educativa dedita alla promozione della mutua comprensione e al consolidamento dei rapporti fra popolazioni, leader e istituzioni in Asia e negli Stati Uniti in un contesto globale.

[xcii] Intervista a Li Yan, Preside di The High School for Dual Language and Asian Studies (Scuola Superiore di Bilinguismo e Studi Asiatici), 14 Settembre, 2016.

[xciii] Intervista a Ron Woo, Professore a Bank Street College, e Consulente presso il NYU Metropolitan Center for Research on

Equity and the Transformation of Schools. 16 Giugno, 2015.

[xciv] Intervista a Thalia Baeza Milan scaricata da Patrick Wall, City to add dozens of dual-language programs as they grow in popularity. (Chalkbeat).

[xcv] Estratto da Castellón, M., Cheuk, T., Greene, R., Mercado-Garcia, D., Santos, M., Skarin, R. & Zerkel, L., Schools to Learn from: How Six High Schools Graduate English Language Learners College and Career Ready.

Note al Capitolo 11

[xcvi] Per maggiori informazioni, aggiornamenti, risorse ed esempi sull'argomento, visitare il sito web ufficiale della Rivoluzione bilingue.

[xcvii] Si ringraziano i genitori dell'iniziativa per il programma bilingue francese, i genitori e gli insegnanti della PS84 a Manhattan e della PS58 a Brooklyn, i componenti di Education en Francais à New York, i fondatori de La Petite Ecole, e l'ufficio scolastico presso l'Ambasciata di Francia. Si ringraziano anche I genitori delle iniziative per i programmi bilingue giapponese, tedesco, italiano, francese e russo, presentati nei capitoli successivi, che hanno condiviso la loro versione della strategia o hanno aiutato a migliorare la versione originale.

[xcviii] I numeri citati in questo testo riflettono quelli di New York City, in cui le scuole di solito iscrivono un massimo di 18 bambini per classe pre-k, e circa ventiquattro per classe K, e oltre 30 bambini per classe nella scuola secondaria.

[xcix] Parte 154 servizi per scolari con competenze linguistiche in inglese limitate. Comma 154-1 servizi per scolari con competenze linguistiche in inglese limitate per i programmi implementati prima dell'anno scolastico 2015-2016.

[c] Diversi esempi sono forniti sul sito ufficiale La Rivoluzione bilingue

[ci] Head Start è un programma del Ministero della Salute e Servizi Umani degli Stati Uniti, che fornisce servizi di scuola materna comprensivi, salute, nutrizione e integrazione genitoriale ai bambini di famiglie a basso reddito

Note al Capitolo 12

[cii] Per maggiori informazioni su questo argomento, leggere François Grosjean, Bilingual: Life and Reality.

[ciii] La visione di questa intervista online: Life as Bilingual: A Conversation with Francois Grosjean by Fabrice Jaumont.

[civ] Per ulteriori informazioni su questo argomento, leggere François Grosjean, Bilingual: Life and Reality.

[cv] Per ulteriori informazioni su questo argomento, leggere Daniel Goleman, The Brain and Emotional Intelligence: New Insights."

[cvi] Su questo argomento, leggere Kenneth Robinson, Creative schools: The grassroots revolution that's transforming education.

[cvii] Su questo argomento, diversi studi sono indicati nella parte bibliografica di questo libro, soprattutto Leikin (2012); Lauchlan, Parisi, & Fadda (2013); Ricciardelli (1992)

[cviii] Il concetto di consapevolezza metalinguistica si riferisce alla capacità di oggettivare un processo come se fosse un oggetto fatto da esseri umani. È utile spiegare l'esecuzione e il trasferimento di conoscenza linguistica fra le lingue (e.g. "code switching', ossia il passaggio da un codice ad un altro così come la traduzione fra bilingue).

[cix] Per ulteriori informazioni su questo argomento, Wayne Thomas, Virginia Collier, Colin Baker, Margarita Espino Calderón and Liliana Minaya-Rowe, per nominarne alcuni, hanno fatto un lavoro eccellente per dimostrare l'efficacia dell'istruzione bilingue. I loro studi sono citati nella sezione bibliografica del libro.

[cx] Per maggiori informazioni su questo argomento, leggere Wayne Thomas & Virginia Collier, The Astounding Effectiveness of Dual-Language Education for All.

[cxi] Il Consiglio Americano sull'Insegnamento delle Lingue Straniere fornisce una lista di studi sui benefici dell'apprendimento delle lingue.

[cxii] Per maggiori informazioni su questo argomento, leggere Wayne Thomas & Virginia Collier, The Astounding Effectiveness of Dual-Language Education for All.

[cxiii] Su questo argomento, diversi studi condotti da Ana Ines Ansaldo e Landa Ghazi-Saidi sono presenti nella sezione bibliografica di questo libro.

[cxiv] Vedere, ad esempio, gli studi di Nicoladis e Genesee (1998); Cameau, Genessee, e Lapaquette (2003) presenti nella bibliografia.

[cxv] Vedere ad esempio Greene (1998), Thomas & Collier (2004), ou Willig (1985).

[cxvi] Per maggiori informazioni su questo argomento, leggere Ofelia Garcia, Bilingual Education in the 21st Century: A Global Perspective.

Note al Capitolo 13

[cxvii] Visitare il sito del Centro di Linguistica Applicata (Center for Applied Linguistics) per maggiori informazioni.

[cxviii] U.S. Department of Education's Office of English Language Acquisition. Dual-Language Education Programs: Current State Policies and Practices.

[cxix] Nel 1974, l'ASPIRA Consent Decree fra il Provveditorato di New York City e ASPIRA di New York affermò che gli studenti non anglofoni (English Language Leaners) avrebbero ricevuto istruzione scolastica bilingue. Pertanto, tali studenti ELL devono ricevere uguale accesso a tutti i programmi scolastici e servizi offerti ai non anglofoni, incluso l'accesso ai programmi richiesti per l'ottenimento del diploma/laurea. Per maggiori informazioni, vedi De Jesús & Pérez. Da Community Control to Consent Decree: Puerto Ricans organizing for education and language rights in 1960s and 1970s New York City. Read also Reyes, Luis The Aspira Consent Decree. A Thirtieth-Anniversary Retrospective of Bilingual Education in New York City. Harvard Educational Review Autunno 2006.

[cxx] United States Supreme Court Case No. 72-6520.

[cxxi] Per maggiori informazioni, leggere Cathleen Jo Faruque, Migration of the Hmong to the Midwestern United States.

[cxxii] Minnesota è fra gli stati che vedono la cura della diversità e il supporto ai non anglofoni come un attivo e pertanto lo stato ha attivamente aumentato i programmi bilingue per gli studenti e fornito risorse rilevanti agli insegnanti di classi bilingue.

[cxxiii] A riguardo, leggere Kathleen Stein-Smith, The U.S. Foreign Language Deficit. Strategies for Maintaining a Competitive Edge in a Globalized World.

[cxxiv] "The FBI did not dedicate sufficient resources to the surveillance and translation need of counterterrorism agents. It lacked sufficient translators proficient in Arabic and other key languages,

resulting in a significant backlog of untranslated intercepts." . Estratto da pagina 77 di The 9/11 Commission Report—National Commission on Terrorist Attack upon the United States. 22 Luglio, 2004.

[cxxv] Per maggiori dettagli, leggere James Crawford. Bilingual Education: History, Politics, Theory and Practice. Trenton, NJ: Crane Publishing Company.

[cxxvi] Per maggiori dettagli, visitare il ACLU American Civil Liberties Union Home Page. "English Only."

[cxxvii] Per maggiori dettagli, visitare il database e le guide del CAL's sui programmi di immersione di lingue straniere a scuole, i programmi di lingue culturali e i programmi di immersione bilingue negli US.

[cxxviii] David McKay Wilson, Dual-Language Programs on the Rise. "Enrichment" model puts content learning front and center for ELL students.

[cxxix] Utah Senate. International Education Initiatives—Critical Languages (Senate Bill 41).

BIBLIOGRAFIA

Riferimenti e opere citate nella prefazione di Ofelia García

Castellanos, D. L., *The Best of two worlds: Bilingual-bicultural education in the U.S.*, New Jersey, Trenton, Nueva Jersey: State Dept. of Education, 1983.

Crawford, J., *Educating English learners: Language diversity in the classroom, Fifth Edition* (Quinta edición), Los Ángeles, California: Bilingual Education Services, Inc., 2004.

Crawford, J., *Educating English learners. Language diversity in the classroom, 5th ed. (anteriormente Bilingual education: History, politics, theory and practice)*, Los Ángeles, California: Bilingual Educational Services, 2004.

Del Valle, S., *Bilingual Education for Puerto Ricans in New York City: From Hope to Compromise*, Harvard Educational Review, *68*(2), 1998, 193–217.

Del Valle, S., *Language rights and the law in the United States*, Clevedon, Reino Unido: Multilingual Matters, 2003.

Epstein, N., *Language, Ethnicity and the Schools: Policy alternatives for bilingual-bicultural education,* Washington, D.C.: Institute for Educational Leadership, 1977.

Flores, N., "A tale of two visions: Hegemonic whiteness and bilingual education", *Educational Policy, 30*, 2016, 13–38.

Flores, N., García, O., "A critical review of bilingual education in the United States: From Basements and pride to boutiques and profit", *Annual Review of Applied Linguistics.* 37(2017), pp. 14–29.

García, O., *Bilingual education in the 21st century: A Global perspective*, Malden, Massachusetts: John Wiley & Sons, 2011.

García, O., Fishman, J.A. (Eds.); *The Multilingual Apple. Languages in New York City*, (Segunda edición), Berlín, Alemania: Mouton de Gruyter, 2001.

García, O., Li Wei, *Translanguaging: Language, bilingualism and education*, Londres, Reino Unido: Palgrave Macmillan Pivot, 2014.

Lindholm-Leary, K. J., *Dual language education*, Clevedon, Reino Unido: Multilingual Matters, 2001.

Menken, K., Solorza, C., "No Child Left Bilingual Accountability and the Elimination of Bilingual Education Programs in New York City Schools", *Educational Policy*, *28*(1), 2014, 96–125.

Otheguy, R., García, O., Reid, W., "Clarifying translanguaging and deconstructing named languages: A perspective from linguistics", *Applied Linguistics Review*, *6*(3), 2015, 281–307.

Valdés, G., "Dual-language immersion programs: A cautionary note concerning the education of language-minority students", *Harvard Educational Review*, 67, 1997, 391-429.

Riferimenti e opere citate nel libro La Rivoluzione bilingue di Fabrice Jaumont

American Council on the Teaching of Foreign Languages. What the Research Shows. Studies supporting language acquisition. Visita 11 de julio, 2017.

American Civil Liberties Union (ACLU). ACLU Backgrounder on English Only Policies in Congress. Visita 21 de agosto, 2017.

Ansaldo, A.I., Ghazi Saidi, L., "Aphasia therapy in the age of globalization: Cross-linguistic therapy effects in bilingual aphasia" *Behavioural Neurology*, Volumen 2014, marzo, 2014.

Ansaldo, A.I., Ghazi-Saidi, L., Adrover-Roig, D., "Interference Control in Elderly Bilinguals: Appearances can be misleading", *Journal of Clinical and Experimental Neuropsychology* Volumen 37, edición 5, febrero de 2015, 455-470.

Ascenzi-Moreno, L., Flores, N., "A case study of bilingual policy and practices at the Cypress Hills Community School", en O. García, B. Otcu y Z. Zakharia (Eds.), *Bilingual Community Education and Multilingualism: Beyond Heritage Languages in a Global City*, Bristol, Reino Unido: Multilingual Matters, 219-231.

Aspira v. Board of Education of City of New York. 394 F. Supp. 1161 (1975).

August, D., Hakuta, K., Eds., *Improving Schooling for Language-Minority Children*, Washington, D.C.: National Academy Press, 1997.

Ball, J. *Educational equity for children from diverse language backgrounds: Mother tongue-based bilingual or multilingual education in the early years*, presentación en el Simposio Internacional de UNESCO, París, Francia: Translation and Cultural Mediation, febrero 2010.

Baker, C., *A parents' and teachers' guide to bilingualism*, Bristol, Reino Unido: Multilingual Matters, 2014.

Baker, C., *Foundations of bilingual education and bilingualism*, 3a edición, Clevedon, Reino Unido: Multilingual Matters, 2001.

Barac, R., Bialystok, E., Castro, D. C., Sanchez, M., "The cognitive development of young dual-language learners: A critical review", *Early Childhood Research Quarterly, 29* (4), 2014, 699–714.

Barrière, I., Monéreau-Merry, M.M., « Trilingualism of the Haitian Diaspora in NYC: Current and Future Challenges", en O. García, B. Otcu y Z. Zakharia, (Eds.), *Bilingual Community Education and Multilingualism: Beyond Heritage Languages in a Global City*, Bristol, Reino Unido: Multilingual Matters, 2012; 247-258.

Barrière, I., "The vitality of Yiddish among Hasidic infants and toddlers in a low SES preschool in Brooklyn", en W. Moskovich, (Ed.), Yiddish—*A Jewish National Language at 100*, Jerusalem-Kyiv: Hebrew University of Jerusalem, 2010; 170—196.

Brisk, M., Proctor, P., *Challenges and supports for English language learners in bilingual programs*. Trabajo presentando en Understanding Language Conference, Stanford University, Stanford, California, 2012.

Brisk, M. E., *Bilingual Education: From Compensatory to Quality Schooling*, Mahwah, Nueva Jersey: Lawrence Erlbaum Associates, 1998.

Calderón, M. E., Minaya-Rowe, L., *Designing and implementing two-way bilingual programs*. Thousand Oaks, California: Corwin Press, 2003

Canadian Parents for French, *The State of French-Second-Language Education in Canada 2012: Academically Challenged Students and FSL Programs*, 2012.

Cameau, L., Genesee, F., Lapaquette, L., "The modelling hypothesis and child bilingual code-mixing", *International Journal of Bilingualism*, 2003, 7.2:113-128

Castellón, M., Cheuk, T., Greene, R., Mercado-García, D., Santos, M., Skarin, R., Zerkel, L. (2015). *Schools to Learn from: How Six High Schools Graduate English Language Learners College and Career Ready*. Preparado para Carnegie Corporation of New York, Stanford Graduate School of Education. *Castaneda v. Pickard*. 648 F.2d 989; 1981.

Center for Applied Linguistics. Proyecto Two-Way Immersion Outreach.

Center for Applied Linguistics. Bases de datos y directorios.

Christian, D., "Two-way immersion education: Students learning through two languages", *The Modern Language Journal, 80*(1), 1996, 66–76.

Christian, D., "Dual-language education", en E. Hinkel (Ed.), *Handbook of research in second language teaching and learning, volume II*, Nueva York, NY: Routledge, 2011, 3–20.

Cloud, N., Genesee, F., Hamayan, E., *Dual-Language Instruction: A Handbook for Enriched Education.* Boston, Massachusetts: Heinle & Heinle, Thomson Learning, Inc., 2000.

Combs, M., Evans, C., Fletcher, T., Parra, E., Jiménez, A., "Bilingualism for the children: Implementing a dual-language program in an English-only state", *Educational Policy, 19*(5), 2005, 701–728.

Crawford, J., *Educating English learners. Language diversity in the classroom* (Fifth Ed.), Los Ángeles, California: Bilingual Educational Services, Inc., 2004.

Crawford, J., *Bilingual Education: History, Politics, Theory and Practice*, Trenton, Nueva Jersey: Crane Publishing Company, 1999.

Cummins, J., Swain, M., *Bilingualism in education: Aspects of theory, research and practice*, Londres: Longman, 1986.

De Jesús, A. Pérez, M., "From Community Control to Consent Decree: Puerto Ricans organizing for education and language rights in 1960s and 1970s New York City", *CENTRO Journal* 7 Volumen xx1, Número 2, otoño 2009.

de Jong, E., "L2 proficiency development in a two-way and a developmental bilingual program", *NABE Journal of Research and Practice*, 2(1), 2004, 77–108.

de Jong, E. J., "Program design and two-way immersion programs", *Journal of Immersion and Content-Based Language Education*, *2*(2), 2014, 241–256.

de Jong, E. J., Bearse, C. I., "Dual-language programs as a strand within a secondary school: Dilemmas of school organization and the TWI mission", *International Journal of Bilingual Education and Bilingualism*, *17*(1), 2014, 15–31.

de Jong, E. J., Howard, E., "Integration in two-way immersion education: Equalising linguistic benefits for all students", *International Journal of Bilingual Education and Bilingualism*, *12*(1), 2009, 81–99.

Dorner, L., "Contested communities in a debate over dual-language education: The import of 'public' values on public policies", *Educational Policy*, *25*(4), 2010, 577–613.

Elliott, A., "Muslim educator's dream branded a threat in the U.S", *New York Times*, abril 28, 2008.

Espinosa, L., *Early education for dual-language learners: Promoting school readiness and early school success*. Washington, D.C.: Migration Policy Institute, 2013.

Faruque, Cathleen Jo., *Migration of the Hmong to the Midwestern United States*, Lanham, Nueva York: University Press of America, Inc., 2002.

Fishman. J. (editor), *Handbook of language and ethnic identity*, Oxford, Reino Unido: Oxford University Press, 1999.

Fishman, J., *Bilingual education: An international sociological perspective*, Rowley, Massachusetts: Newbury House, 1976.

Flores v. Arizona. 160 F. Supp. 2d 1043 (D. Ariz. 2000).

Flores, N., Rosa, J., "Undoing appropriateness: Raciolinguistic ideologies and language diversity in education", *Harvard Educational Review*, 85, 2015, 149–171.

Flores, N., Baetens Beardsmore, H., "Programs and structures in bilingual and multilingual education", en W. Wright, S.

Boun, O.García (Eds.), *Handbook of bilingual and multilingual education*, Oxford, UK: Wiley-Blackwell, 2015, 205–222.

Flores, N., "Creating republican machines: Language governmentality in the United States", *Linguistics and Education*, 25(1), 2014, 1–11.

Flores, N., "Silencing the subaltern: Nation-state/colonial governmentality and bilingual education in the United States", *Critical Inquiry in Language Studies*, 10(4), 2013, 263–287.

Fortune. T., Tedick, D. (Eds.), *Pathways to multilingualism: Evolving perspectives on immersion education.* Clevedon, Inglaterra: Multilingual Matters, 2008.

Freeman, R. D., *Bilingual education and social change*, Clevedon, Reino Unido: Multilingual Matters, 1998.

Galush, William J., For More Than Bread: Community and Identity in American Polonia, 1880–1940. East European Monographs. Nueva York: Columbia University Press, 2006.

García, E. E., *Teaching and learning in two languages: bilingualism & schooling in the United States*, Multicultural Education, 2005.

García, O., *Bilingual education in the 21st century: A global perspective*, Oxford, Reino Unido: Wiley-Blackwell, 2009.

García, O., Kleifgen, J.A., *Educating Emergent Bilinguals: Policies, Programs, and Practices for English Language Learners*, Nueva York: Teachers College Press, 2010.

García O., Zakharia Z., Otcu, B., (editores), *Bilingual community education and multilingualism. beyond heritage languages in a global city*, Bristol, Reino Unido: Multilingual Matters, 2002.

García, O., Johnson, S.I., Seltzer, K., *The translanguaging classroom: leveraging student bilingualism for learning*, Filadelfia, Pensilvania: Caslon, 2016.

Genesee, F., Lindholm-Leary, K., Saunders, W., Christian, D. (Eds.), "Educating English language learners: A synthesis of research evidence", Nueva York: Cambridge University Press, 2006.

Ghazi Saidi L., Perlbarg V., Marrelec G., Pélégrini-Issac M., Benali H., Ansaldo A.I., "Functional connectivity changes in second language vocabulary learning", Brain Language, enero; 124 (1), 2013, 56-65.

Ghazi-Saidi, L., Ansaldo, A. I., "Can a Second Language Help You in More Ways Than One?" Artículo de comentario, AIMS Neuroscience, 2(1), 2015, 52-5.

Ghazi Saidi, L., Dash, T., Ansaldo, A. I. (en la imprenta), "How Native-Like Can You Possibly Get: fMRI Evidence in a pair of Linguistically close Languages", Edición especial, Language beyond words: the neuroscience of accent, Frontiers in Neuroscience, 9.

Goldenberg, C., Improving Achievement for English Learners: Conclusions from Two Research Reviews. *Education Week, 25 de julio, 2006.*

Goleman, D., *The Brain and Emotional Intelligence: New Insights,* Florence, Massachusetts, More than Sound, 2011.

Gómez, D. S., *Bridging the opportunity gap through dual-language education,* manuscrito no publicado, California State University, Stanislaus, 2013.

Gómez, L., Freeman, D., Freeman, Y., "Dual-language education: A promising 50-50 model", *Bilingual Research Journal, 29*(1), 2005, 145–164.

Gongolski, C., Cesarczyk, M., "Two languages, one home", *Greenpoint News,* 16 de septiembre, 2015.

Greene, J., "A Meta-Analysis of the Effectiveness of Bilingual Education", 1998.

Grosjean, F., *Bilingual: Life and reality,* Cambridge, Massachusetts: Harvard University Press, 2010.

Grosjean, F., *Life with two languages: An introduction to bilingualism*, Cambridge, Massachusetts: Harvard University Press, 1982.

Hakuta, K., *Mirror of language: The debate on bilingualism*, Nueva York, N.Y.: Basic Books, 1986.

Harris, E., "New York City Education Department to Add or Expand 40 Dual-Language Programs", *The New York Times*, 14 de enero, 2015.

Hélot, C., Erfurt, E., *L'éducation bilingue en France : politiques linguistiques, modèles et pratiques*, Rennes, Francia: Presses Universitaires de Rennes, 2016.

Howard, E. R., Christian, D., *Two-way immersion 101: Designing and implementing a two-way immersion education program at the elementary level*, Santa Cruz, California: Center for Research on Education, Diversity, and Excellence, University of California-Santa Cruz, 2002.

Howard, E. R., Sugarman, J., Christian, D., Lindholm-Leary, K., Rogers, D., *Guiding Principles for Dual-Language Education*, Segunda edición, Center for Applied Linguistics, 2007.

Howard, E., Sugarman, J., Coburn, C., *Adapting the Sheltered Instruction Observation Protocol (SIOP) for two-way immersion education: An introduction to the TWIOP*, Washington, D.C.: Center for Applied Linguistics, 2006.

Jaumont, F.; Ross, J.; Schulz, J.; Ducrey, L.; Dunn, J. (2017) "Sustainability of French Heritage Language Education in the United States" en Peter P. Trifonas and Thermistoklis Aravossitas (eds.), *International Handbook on Research and Practice in Heritage Language Education,* Nueva York, N.Y.: Springer, 2017

Jaumont, F., Le Devedec, B., Ross J., "Institutionalization of French Heritage Language Education in U.S. School Systems: The French Heritage Language Program" en Olga Kagan, Maria Carreira, Claire Chik (eds.), *Handbook on*

Heritage Language Education: From Innovation to Program Building, Oxford, Reino Unido: Routledge, 2016

Jaumont, F., Cogard, K., *Trends and Supports on French Immersion and Bilingual Education in 2015.* Un reporte de los Servicios Culturales de la Embajada de Francia en Estados Unidos, 2016

Jaumont, F. "Life as Bilingual: A Conversation with François Grosjean", 2015.

Jaumont, F., Ross, J., "French Heritage Language Communities in the United States" en Terrence Wiley, Joy Peyton, Donna Christian, Sarah Catherine Moore, Na Liu. (eds.), *Handbook of Heritage and Community Languages in the United States: Research, Educational Practice, and Policy*. Oxford, Reino Unido: Routledge, 2014.

Jaumont, F., Ross, J., Building Bilingual Communities: New York's French Bilingual Revolution" in Ofelia García, Zeena Zakharia, and Bahar Otcu, (editors). *Bilingual Community Education and Multilingualism. Beyond Heritage Languages in a Global City* (pp. 232-246). Bristol, Reino Unido: Multilingual Matters, 2012.

Jaumont, F., Ross, J., French Heritage Language Vitality in the United States." *Heritage Language Journal*. Volume 9. Number 3, 2013.

Jaumont, F., The French Bilingual Revolution. *Language Magazine*. The Journal of Communication & Education, Junio 1, 2012.

Joint National Committee for Languages—National Council for Languages and International Studies.

Kagan, O., Carreira, M., Chik, C. (eds.), *Handbook on Heritage Language Education: From Innovation to Program Building*, Oxford, Reino Unido: Routledge, en imprenta, 2016.

Kay, K., "21st century skills: Why they matter, what they are, and how we get there", en J. Bellanca & R. Brandt (Eds.),

21st century skills: Rethinking how students learn, Bloomington, Indiana: Solution Tree Press, 2010, (xiii– xxxi).

Kayyali, R. "The people perceived as a threat to security: Arab Americans since September 11", *Migration Policy*. Julio 1, 2006.

Kelleher, A., "Who is a heritage language learner?", *Heritage Briefs*. Washington, D.C.: Center for Applied Linguistics, 2010.

Keyes v. School Dist. No. 1, Denver, Colorado. 413 U.S.; 1973, 189.

Kleyn, T., Vayshenker, B., "Russian Bilingual Education across Public, Private and Community Spheres", en O. García, B. Otcu & Z. Zakharia (Eds.), *Bilingual Community Education and Multilingualism: Beyond Heritage Languages in a Global City*, Bristol, Reino Unido: Multilingual Matters, 259-271.

Kleyn, T., Reyes, S., "Nobody said it would be easy: Ethnolinguistic group challenges to bilingual and multicultural education in New York City", *International Journal of Bilingual Education and Bilingualism*, 14(2), 2011, 207-224.

Kleyn, T., "Speaking in colors: A window into uncomfortable conversations about race and ethnicity in U.S. bilingual classrooms", *GiST: The Colombian Journal of Bilingual Education*, 2008, 2: 13-23.

Lau v. Nichols, 414 U.S. 563; 1974.

Lauchlan, F; Parisi, M.; Fadda, R., "Bilingualism in Sardinia and Scotland: Exploring the cognitive benefits of speaking a 'minority' language", *International Journal of Bilingualism*, febrero 2013, primera publicación abril 16, 2012, 17: 43-56.

Leikin, M., "The effect of bilingualism on creativity: Developmental and educational perspectives", *International Journal of Bilingualism*, Agosto 2013, primera publicación marzo 28, 2012, 17: 431-447

Liebtag, E., Haugen, C., *Shortage of dual-language teachers: Filling the gap*, abril 29, 2015.

Lindholm-Leary, K.J., "Bilingual Immersion Education: Criteria for Program Development", *Bilingual Education: Issues and Strategies*, Padilla, A.M, Fairchild, H.H, & Valadez, C.M. (Eds.), 1990.

Lindholm-Leary, K. J., *Dual-language education*. Clevedon, Reino Unido: Multilingual Matters, 2001.

Lindholm-Leary, K.J., *Biliteracy for a Global Society: An Idea Book on Dual-Language Education*, Washington, D.C.: The George Washington University, 2000.

Lindholm-Leary, K. J., "Dual-language achievement, proficiency, and attitudes among current high school graduates of two-way programs", *NABE Journal, 26*, 20–25, 2003.

Lindholm-Leary, K., "Success and challenges in dual-language education", *Theory Into Practice, Special Issue: Rethinking Language Teaching and Learning in Multilingual Classrooms, 51*(4), 2012, 256–262.

Lindholm-Leary, K., Genesee, F., "Student outcomes in one-way, two-way, and indigenous language immersion education", *Journal of Immersion and Content-Based Language Education, 2*(2), 2014, 165–180.

Lopez Estrada, V., Gómez, L., Ruiz-Escalante, J., "Let's make dual-language the norm", *Educational Leadership, 66*(7), 2009, 54–58.

McKay Wilson, D., "Dual-language programs on the rise. "Enrichment" model puts content learning front and center for ELL students", *Harvard Education Letter*, Volumen 27, Número 2, marzo/abril 2011.

Marian, V., Shook, A., Schroeder, S. R., "Bilingual two-way immersion programs benefit academic achievement", *Bilingual Research Journal, 36*, 2013, 167–186.

McCabe, A., et al., "Multilingual children: Beyond myths and toward best practices", *Social Policy Report*, *27*(4), 2013.

Menken, K., García, O. (Eds.), *Negotiating language policies in schools: Educators as policymakers*. Nueva York, N.Y.: Routledge, 2010.

Menken, K., Solorza, C., "No child left bilingual: Accountability and the elimination of bilingual education programs in New York City schools", *Educational Policy*, *28*(1), 2014, 96– 125.

Meyer v. Nebraska. 262 U.S. 390; 1923.

Millard, M., *State funding mechanisms for English language learners*, Denver, Colorado: Education Commission of the States, 2015.

Mitchell, C., "New York expanding dual-language to help its English learners", *Education Week*, *34*(34), 7, junio 10, 2015.

Montague, N. S., "Essential beginnings for dual-language programs", *The TABE Journal*, *818*–25; 2005, 18–25.

Montone, C. L., Loeb, M. I., *Implementing two-way immersion programs in secondary schools,* Santa Cruz, California: Center for Research on Education, Diversity & Excellence, 2000.

National Commission on Terrorist Attack upon the United States. Julio 22, 2004. Government Printing Office.

National Standards Collaborative Board, *World-Readiness Standards for Learning Languages* (4th ed.). Alexandria, Vancouver: Author, 2015.

National Standards in Foreign Language Education Project, *Standards for foreign language learning in the 21st century,* Lawrence, Kansas City: Allen Press, Inc., 2006.

Nevel, D., "The Slow Death of Khalil Gibran International Academy", *Chalkbeat*. Abril 20, 2011.

New Visions for Public Schools. Center for School Success, Best Practices Series. Dual-Language Instruction, 2001.

New York City Department of Education, "Chancellor Fariña names 15 schools Model Dual-Language Programs", Comunicado de prensa, diciembre 03, 2015.

New York City Department of Education, "Office of School Quality, Division of Teaching and Learning", Reporte de reseña de calidad—High School for Dual Language and Asian Studies, 2015.

New York State Department of Education, "Part 154 services for pupils with limited English proficiency. Subpart 154-1services for pupils with limited English proficiency for programs operated prior to the 2015-2016 school year", 2014.

Nicoladis, E, and Genesee, F., "Parental discourse and code-mixing in bilingual children", *International Journal of Bilingualism*, 1998, 2.1:422-432.

Ó'Murchú, H., *The Irish language in education in the Republic of Ireland.* European Research Centre on Multilingualism and Language Learning, 2001.

Otcu, B., *Language Maintenance and cultural identity formation.* Saarbrucken: VDM Verlag Dr. Muller, 2010.

Otcu, B., "Heritage language maintenance and cultural identity formation: The case of a Turkish Saturday school in New York City", *Heritage Language Journal*, 7(2) Otoño, 2010.

Paciotto, C., Delany-Barmann, G., "Planning micro-level language education reform in new diaspora sites: Two-way immersion education in the rural Midwest", *Language Policy*, *10*(3), 2011, 221–243.

Palmer, D., "A dual immersion strand programme in California: Carrying out the promise of dual-language education in an English-dominant context", *International Journal of Bilingual Education and Bilingualism*, 2007, *10*(6), 752–768.

Palmer, D., "Race, power, and equity in a multiethnic urban elementary school with a dual-language 'strand' program", *Anthropology & Education Quarterly*, 2010, *41*(1), 94–114.

Parkes, J., Ruth, T. (con Angberg-Espinoza, A., y de Jong, E.), *Urgent research questions and issues in dual-language education*, Albuquerque, Nuevo México: Dual-Language Education of New Mexico, 2009.

Parkes, J., Ruth, T., "How satisfied are parents of students in dual-language education programs? 'Me parece maravillosa la gran oportunidad que le están dando a estos niños.'", *International Journal of Bilingual Education and Bilingualism*, 2011, *14*(6), 701–718.

Phillips, J. K., Abbott, M., *A decade of foreign language standards: Impact, influence, and future directions*. Alexandria, Vancouver: American Council on the Teaching of Foreign Languages, 2011.

Porras, D. A., Ee, J., Gandara, P. C., "Employer preferences: Do bilingual applicants and employees experience an advantage?" En R. M. Callahan & P. C. Gándara (Eds.), *The bilingual advantage: Language, literacy, and the labor market* (pp. 234–257). Clevedon, Reino Unido: Multilingual Matters, 2014.

Porter, R. P., *Forked Tongue: The Politics of Bilingual Education*. New Brunswick, Nueva Jersey: Transaction Publishers, 1996.

Ramirez, J. D., Yuen, S. D., Ramey, D. R., Pasta, D. J., *Executive Summary. Final Report: Longitudinal Study of Structured English Immersion Strategy, Early-Exit and Late-Exit Transitional Bilingual Education Programs for Language Minority Children*, San Mateo, California: Aguirre International, 1991.

Reyes, L., The *Aspira Consent Decree. A Thirtieth-Anniversary Retrospective of Bilingual Education in New York City*, Harvard Educational Review, Edición de otoño de 2006.

Rhodes, N. C., Pufahl, I., *Foreign language teaching in US Schools: Results of a national survey*. Washington, D.C.: Center for Applied Linguistics, 2010.

Ricciardelli, L. A., "Creativity and Bilingualism", *The Journal of Creative Behavior*, 1992, 26: 242–254.

Robinson, K., "Creative schools: The grassroots revolution that's transforming education", Nueva York, Nueva York: Viking, 2015.

Rosenback, R., *Bringing Up a Bilingual Child*, Croydon, Reino Unido: Filament Publishing, 2014.

Rossell, C. H. y K. Baker, "The Educational Effectiveness of Bilingual Education.", *Research in the Teaching of English* 30, no. 1, febrero 1996, 7-74.

Sandhofer, C., y Uchikoshi, Y., "Cognitive consequences of dual-language learning: Cognitive function, language and literacy, science and mathematics, and social-emotional development", en F. Ong y J. McLean (Eds.), *California's best practices for young dual-language learners: Research overview papers*, Sacramento, California: California Department of Education, 2013, 51–89.

Sandy-Sanchez, D., "Secondary dual-language guiding principles: A review of the process", *Soleado*, 8; 2008.

Santos, M., Darling-Hammond, L., y Cheuk, T., *Teacher development appropriate to support ELLs*, Stanford, California: Understanding Language, 2012.

Saunders, W., y O'Brien, G., "Oral language", en F. Genesee, K. Lindholm-Leary, W. Saunders, & D. Christian (Eds.), *Educating English language learners: A synthesis of research evidence* (pp. 14–63). New York, NY: Cambridge University Press, 2006.

Scanlan, M., Palmer, D., "Race, power, and (in) equity within two-way immersion settings", *The Urban Review*, 2009, *41*(5), 391–415.

Semple, K., "A Big Advocate of French in New York's Schools: France", *The New York Times*, enero 30, 2014.

Serna v. Portales Municipal Schools. 351 F. Supp. 1279 (1972)

Silberstein, R., "New York's first Italian dual-language preschool coming to Bensonhurst", enero 30, 2015. *Bensonhurst Bean.*

Soltero, S. W., *Dual-language education: Program design and implementation*, Portsmouth, New Hampshire: Heinemann, 2016.

Stein-Smith, K., *The U.S. Foreign Language Deficit. Strategies for Maintaining a Competitive Edge in a Globalized World*, Nueva York, N.Y.: Palgrave-Macmillan, 2016.

Stein-Smith, K., *The U.S. Foreign Language Deficit and Our Economic and National Security: A Bibliographic Essay on the U.S. Language Paradox*, Edwin Mellen Press, NY, 2013.

Tedick, D. J., Bjorklund, S., (Eds.), "Language immersion education: A research agenda for 2015 and beyond", *Journal of Immersion and Content-Based Language Education*, 2, 2; 2014.

The National Center for Research on Cultural Diversity and Second Language Learning, *Learning Together: Two-Way Bilingual Immersion Programs*. Video. Producido por Jon Silver, 1996.

Thomas, W. P., y Collier, V. P., "The Astounding Effectiveness of Dual-Language Education for All", NABE *Journal of Research and Practice*, 2:1. Invierno de 2004.

Thomas, W. P., Collier, V. P., "Two languages are better than one", *Educational Leadership*; 1997/1998, 55(4), 23–26.

Thomas, W. P., Collier, V. P., "Accelerated schooling for English-language learners", *Educational Leadership*, 1999, 56(7), 46–49.

Thomas, W. P., Collier, V. P., "A national study of school effectiveness for language minority students' long-term academic achievement", Santa Cruz, California: Center for Research on Education, Diversity, and Excellence, University of California-Santa Cruz, 2002.

Thomas, W. P., Collier, V. P., *Language Minority Student Achievement and Program Effectiveness: Research Summary of Ongoing Study*, George Mason University, 1998.

Tochon, F. V., "The key to global understanding: World Languages Education—Why schools need to adapt", *Review of Educational Research*; 2009, *79*(2), 650–681.

Torres-Guzmán, M., Kleyn, T., Morales-Rodríguez, S., Han, A., "Self-designated dual-language programs: Is there a gap between labeling and implementation?", *Bilingual Research Journal*; 2005, *29*(2), 453–474.

U.S. Department of Education, Office of English Language Acquisition, Dual-Language Education Programs: Current State Policies and Practices, Washington, D.C., 2015.

U.S. Department of Education, Office for Civil Rights, and U.S. Department of Justice, Civil Rights Division. (2015). *Dear colleague letter, English learner students and limited English proficient parents*. Washington, D.C.: Author.

U.S. News Report High School Rankings: High School for Dual Language and Asian Studies.

Utah Senate, International Education Initiatives—Critical Languages (Senate Bill 41), 2008.

Wall, P., "City to add dozens of dual-language programs as they grow in popularity", *Chalkbeat*. Abril 4, 2016.

Warhol, L., Mayer, A., "Misinterpreting school reform: The dissolution of a dual-immersion bilingual program in an urban New England elementary school", *Bilingual Research Journal*; 2012, *35*(2), 145–163.

Wiley, T., Peyton, J., Christian, D., Moore, S.C., Liu. N. (eds.), *Handbook of Heritage and Community Languages in the United States: Research, Educational Practice, and Policy*, Oxford, Reino Unido: Routledge, 2014.

Willig, A., "A meta-analysis of selected studies on the effectiveness of bilingual education, *Review of Educational Research*, 1985, 55, 269-317.

Wright, W., *Foundations for Teaching English Language Learners: Research, Theory, Policy, and Practice*. Filadelfia, Pensilvania: Caslon, 2015.

Yang Su, E., *Dual-language lessons growing in popularity*. Emeryville, California: California Watch, 2012.

Zakharia, Z., "Language, conflict, and migration: Situating Arabic bilingual community education in the United States", *International Journal of the Sociology of Language*, 2016, 237: 139–160.

Zakharia, Z., Menchaca Bishop, L., "Towards positive peace through bilingual community education: Language efforts of Arabic-speaking communities in New York", en Ofelia García, Zeena Zakharia & Bahar Otcu (eds.), *Bilingual community education and multilingualism: Beyond heritage languages in a global city*, Bristol, Reino Unido: Multilingual Matters, 2013, 169–189.

Zanoni, C., "Principal Miriam Pedraja teaches Uptown children two languages at a time", *DNAInfo*. Abril 16, 2012.

Zeigler, K., Camarota, S., "One in Five U.S. Residents Speaks Foreign Language at Home", Center for Immigration Studies, octubre, 2015.

Zimmer, A., "How Schools' French Dual-Language Programs Are Changing NYC Neighborhoods", *DNAInfo*, mayo 26, 2015.

L'AUTORE

Fabrice Jaumont è nato in Francia e si è trasferito negli Stati Uniti nel 1997 dopo aver conseguito un master di insegnamento dell'inglese come seconda lingua presso l'università Normandie Université. Ha prestato servizio come Direttore dell'Istruzione presso il consolato francese a Boston—periodo in cui ha avuto l'opportunità di visitare numerose scuole. Inoltre, ha lavorato come preside della scuola media e superiore internazionale di Boston.

Dal 2001, Fabrice Jaumont lavora presso l'Ambasciata francese negli Stati Uniti, dove segue lo sviluppo dell'istruzione linguistica e dell'istruzione bilingue nelle scuole pubbliche della zona di New York. È anche responsabile dei programmi della Fondazione di Scambio Culturale Franco-Americana (French-American Cultural Exchange Foundation) e fondatore e caporedattore della piattaforma elettronica *New York in French*.

Prima di trasferirsi negli Stati Uniti è stato docente di lingua francese presso il Segretariato delle Nazioni Unite, presso il Trinity College di Dublino e professore a contratto presso l'Università Nazionale d'Irlanda. Nel 2014 ha conseguito il dottorato in International Education-International Development presso New York University.

Fabrice Jaumont ha progettato e sviluppato con successo una vasta gamma di programmi educativi negli Stati Uniti, dove, insieme alla comunità, si è impegnato nello sviluppo dei programmi bilingue nelle scuole americane. Nel 2014 il quotidiano New York Times gli ha dato il soprannome di "sponsor dei programmi di immersione linguistica".

In riconoscimento del suo lavoro nel campo della istruzione e della educazione bilingue e multilingue, nel 2012 è stato nominato Cavaliere dell'Ordine Nazionale delle Palme Accademiche del governo francese; nel 2015 ha ricevuto la medaglia di riconoscimento del Comitato americano delle

191

società francofone; e nel 2016, il Premio Francofono dell'Organizzazione Internazionale della Francofonia.

Fabrice Jaumont è l'autore di Partner Iniqui: Fondazioni Americane e Sviluppo della Istruzione Superiore in Africa (Palgrave-Macmillan, 2016, che si concentra sul ruolo della filantropia in materia di istruzione, e l'influenza delle fondazioni statunitensi nelle università dei paesi in via di sviluppo. La prefazione è di Vartan Gregorian, presidente della Carnegie Corporation di New York.

Nel 2016 Fabrice Jaumont è stata nominato Senior Fellow della Fondation Maison des Sciences de l'Homme (FMSH). Il suo progetto di ricerca si concentra sul ruolo della filantropia statunitense nello sviluppo dell'educazione internazionale.

Per ulteriori informazioni, visitare il sito

fabricejaumont.net

TBR BOOKS

TBR Books è la sede editoriale del Centro per l'Avanzamento delle Lingue, Istruzione e Comunità. Pubblica lavori di ricerca, libri, saggi e monografie con particolare attenzione alle idee innovative pertinenti all'educazione, le lingue e lo sviluppo culturale.

TBR Books si concentra su autori con idee innovative per la cultura, la pedagogia e lo sviluppo umano.

The Bilingual Revolution è disponibile in arabo, in francese, in tedesco, in russo e in spagnolo.

Per un elenco di libri pubblicati da TBR Books, visitare il nostro sito online:

tbr-books.org

CALEC

Il Centro per l'Avanzamento delle Lingue, l'Istruzione e le Comunità è un'organizzazione senza scopo di lucro incentrata sul multilinguismo, la comprensione interculturale e la diffusione di idee. La nostra missione consiste nel trasformare le vite delle comunità linguistiche, aiutandole a progettare programmi innovativi; inoltre sosteniamo genitori ed educatori attraverso la ricerca accademica, le pubblicazioni, il tutoraggio e una rete di nuovi contatti.

Attraverso i nostri programmi di punta, presentati di seguito, siamo stati in grado di servire molte comunità. Sosteniamo anche i genitori e gli educatori interessati a promuovere le comunità, le lingue straniere e l'istruzione. Partecipiamo ad eventi e a conferenze che promuovono il multilinguismo e lo sviluppo culturale. Offriamo consulenza ad educatori e dirigenti scolastici incaricati dell'attuazione di programmi multilingue presso le loro scuole. Per ulteriori informazioni e per sapere come sostenere la nostra missione, visitare

www.calec.org

L'attuale offerta educativa della scuola pubblica elementare di New York non è cambiata molto dopo l'espansione del primo DL italiano alla scuola PS112 di Bensonhurst (Brooklyn). Molti programmi bilingue sono stati creati ex novo, mentre altri, in un numero svariato di lingue, si sono consolidati, soprattutto a Manhattan e Brooklyn. La rinnovata assenza di un programma bilingue di italiano nell'area metropolitana di New York, e la scarsa distribuzione di programmi di arricchimento in italiano (corsi che vengono offerti dalle scuole pubbliche durante l'orario scolastico giornaliero, una volta alla settimana, solo ed esclusivamente se uno degli insegnanti di ruolo ha intenzione di insegnarli) continua ad avere un impatto nella vita di molte famiglie italiane, i cui figli sono inseriti nella scuola pubblica monolingue, dove lentamente assimilano l'unica cultura a cui sono esposti.

Le dinamiche di chi non può permettersi di avere un insegnante privato della propria lingua o di avere il tempo e risorse necessarie per tenere un proprio tutoraggio a casa, hanno il loro peso: non solo il bambino non sa leggere l'italiano e in molti casi non lo sa quasi più parlare—o non lo vuole parlare!—ma anche finisce col sapere poco o niente della storia e della cultura della nazione da cui almeno un genitore arriva. A questo si aggiunge anche un lento disinnamoramento per la cultura quando non si ha la possibilità di viaggiare spesso in visita alla propria famiglia di origine, smarrendosi nella difficoltà di mantenere vivi i rapporti con i propri famigliari. Questa è stata la storia di molti immigrati italiani giunti a New York nei decenni, e continua ad essere la storia di molte famiglie italiane di oggi, anche di quelle—come nel caso di Stefania, madre di Matteo—che arrivano a New York con tre lingue ed esposizione a diverse culture anglofone—e che tuttavia sono inconsapevoli dei diritti che i propri figli hanno di ricevere un'istruzione bilingue.

Per tutte queste famiglie, quelle di ieri e quelle di oggi, che non sono riuscite a passare il prezioso dono del bilinguismo e biculturalismo scolastico ai propri figli, è stata creata la fondazione senza scopo di lucro "InItaliano", che si è posta fra i primi compiti quello di tradurre La Rivoluzione bilingue in italiano.

InItaliano è un'iniziativa comunitaria, pensata da tre genitori italiani con lo scopo di far fronte alla mancanza di risorse a sostegno della lingua e cultura italiana all'interno del sistema scolastico, particolarmente nel settore pubblico di New York. InItaliano ha come missione la diffusione della lingua e della cultura italiana in vari settori educativi sia pubblici che privati, attraverso programmi bilingue, corsi di dopo-scuola oppure corsi di arricchimento per coloro che desiderano imparare l'italiano attraverso la musica, i libri, la cucina o il giardinaggio. InItaliano offre aiuto a quelle famiglie alle prese per la prima volta con il sistema scolastico nordamericano, così come a coloro che, nati negli Stati Uniti da genitori italiani o con nonni italiani, vogliono riconnettersi con la cultura italiana ma a cui in passato non ne è stata mai data l'opportunità. Tramite l'inclusione di tutti, InItaliano cerca di trasmettere i valori dell'azione comunitaria e del coinvolgimento genitoriale/famigliare, tipici delle scuole di New York, che hanno come fine ultimo, benefici per l'intera comunità.

InItaliano è stato creato da:

Stefania Puxeddu Clegg—Stefania è nata e cresciuta in Italia, dove ha conseguito una laurea in Lingua e Letteratura Inglese all'Università di Cagliari. Traduttrice certificata (NYU), ha vissuto e lavorato a Londra per 17 anni, riscrivendo testi in inglese per una testata di informazione finanziaria e lavorando come libera professionista. A Londra ha conseguito un MSci in Food Policy (Politiche Alimentari) presso il Centre of Food Policy, di City, University of London. Stefania ha una certificazione CELTA per l'insegnamento dell'inglese come seconda lingua e ha tradotto La Rivoluzione bilingue con la revisione finale di Benedetta.

Benedetta Scardovi-Mounier—Benedetta è nata in Italia e si è trasferita a NY nell'anno 2000. È la mamma di tre bambini che parlano francese, italiano e inglese a casa. Ha una laurea in traduzione conseguita presso l'Università di Bologna, sede di Forlì (Scuola Superiore di Lingue Moderne per Interpreti e Traduttori). A NY ha lavorato come Project Manager e Traduttrice in un'agenzia di traduzione specializzata in post-produzione di film e video per 6 anni prima di iniziare una carriera da freelance nello stesso ambito.

Francesco Fadda—Francesco ha oltre quindici anni di esperienza nella promozione di eventi politici e culturali a livello internazionale. Ha lanciato numerose iniziative bilaterali tra enti governativi, aziende, enti senza scopo di lucro europei e fondazioni americane, ONG, imprese, media e altri partner, come le Nazioni Unite, la Carnegie Hall, le ambasciate straniere, le istituzioni culturali e le associazioni di categoria. Parla quattro lingue, ha vissuto e lavorato in Italia, Polonia, Giappone e Tunisia ed ha una profonda comprensione delle strategie di comunicazione, della diplomazia pubblica e degli affari transatlantici. È sposato e padre di due gemelli.

www.dlitaliano.org

www.ingramcontent.com/pod-product-compliance
Lightning Source LLC
Chambersburg PA
CBHW070031100426
42740CB00013B/2652